MONTÉNÉGRO

Guide de voyage 2024

Des sommets aux plages : découvrez la magie du Monténégro

Droits d'auteur © 2024 par **Amarante Piedalue**

Tous droits réservés.

Aucune partie de ce livre ne peut être utilisée ou reproduite par quelque moyen graphique, électronique ou mécanique, y compris la photocopie, l'enregistrement, la bande ou tout autre système de récupération d'informations sans l'autorisation écrite de l'éditeur.

Table des matières

Introduction 5

Histoire et culture 9

Meilleur moment pour visiter .... seize

Nécessité de visa 20

Conseils de santé et de sécurité 29

Les essentiels de l'emballage 34

Y arriver 40

Se déplacer 45

    Les autobus 45

Les trains..48

Taxis 55

Louer une voiture..60

Hébergement...67

Régions et villes...83

Podgorica 83

Sale 92

Budva 103

Parc national du Durmitor 111

Cuisine locale..117

Plats à essayer 121

Restaurants populaires 131

Festivals et événements 135

Aventures en plein air...145

Randonnée et Trekking 145

Activités aquatiques 149

Skier en montagne 152

Sites historiques et culturels 156

Traité d'Ostrog 156

Parc national de Lovčen 159

Cetinje - Capital Réel 163

Sites archéologiques 166

Guide d'achat 169

Marché traditionnel: 169

Produits locaux: 172

Étiquette d'achat : 175

Itinéraire de 7 jours pour un passionné de plein air et d'aventure 180

Itinéraire de voyage en famille de 7 jours 184

Itinéraire romantique/lune de miel 189

Des plages à découvrir 200

Étiquette et coutumes locales 205

Information d'urgence 213

conclusion 217

Introduction

Le Monténégro est un joyau caché au cœur des Balkans, vous invitant à explorer sa beauté époustouflante et sa riche culture. Ce guide tente de révéler le charme des plages du Monténégro et vous invite à vivre une merveilleuse aventure le long de la côte ensoleillée. Imaginez un pays où les montagnes Rocheuses embrassent le bleu de la mer Adriatique, créant un environnement alliant beauté naturelle époustouflante et hospitalité chaleureuse. La topographie diversifiée du Monténégro crée une vue imprenable sur de belles plages, des villes anciennes et une verdure luxuriante. Devant vous s'étend la côte avec ses villages de pêcheurs pittoresques et ses bâtiments historiques qui racontent l'histoire des siècles passés.

En plus de sa beauté naturelle, le Monténégro est également un mélange paisible de cultures. La riche influence du patrimoine vénitien, ottoman et austro-hongrois confère au mode de vie, à la cuisine et à l'architecture locaux une saveur unique. Les échos de l'histoire résonnent dans les rues pavées et chaque pas est un voyage dans le temps. Les plages du Monténégro sont l'exemple même du paradis sur terre. La côte Adriatique, avec ses interminables plages de sable et de galets, est la destination idéale pour ceux qui recherchent des vacances au soleil. Les plages de Budva, avec leur sable doré et leurs eaux cristallines, témoignent de l'engagement du Monténégro à préserver la beauté naturelle de la région. Sveti Stefan est une île transformée en un complexe de luxe qui représente l'exclusivité et le glamour. En profitant du soleil méditerranéen, le

Les vagues murmurent des histoires de patrimoine maritime transmis de génération en génération.

La planche à voile et le kitesurf sont des activités populaires sur les plages d'Ulcinj, célèbres pour leur beauté balayée par les vents. La douce étreinte de la mer Adriatique permet aux amateurs de sports nautiques expérimentés et inexpérimentés de profiter des sensations de la mer.

Le Monténégro est plus qu'une destination ; C'est une immersion dans un style de vie où le temps ralentit et où chaque coucher de soleil remplit le ciel de couleurs étonnantes. La cuisine locale est une fusion de saveurs qui complète la symphonie des sensations monténégrines. Chaque repas est une célébration de l'art culinaire, des fruits de mer frais de l'Adriatique aux copieuses spécialités montagnardes. Avant de faire vos valises et de partir

Lors de cette aventure côtière, tenez compte de ces faits pour aiguiser votre appétit de voyage :

Le Monténégro compte environ 290 jours de soleil par an, votre expérience à la plage sera donc baignée de chaleur et de soleil.

Également connue sous le nom de fjord méridional de l'Europe, la baie de Kotor attire les visiteurs avec ses impressionnantes falaises, ses villages historiques et ses eaux calmes. La vieille ville de Kotor, classée au patrimoine mondial de l'UNESCO, est la preuve vivante de ses fortifications médiévales qui vous invitent à explorer ses ruelles sinueuses.

Histoire et culture

Niché entre les montagnes rocheuses des Balkans et la scintillante mer Adriatique, le Monténégro est une terre d'une beauté époustouflante, d'une histoire riche et d'une culture dynamique. L'histoire du Monténégro a façonné son caractère unique, depuis les premières colonies illyriennes jusqu'à la splendeur de l'Empire ottoman, de l'influence de la République de Venise au turbulent XXe siècle. Le Monténégro, aujourd'hui un pays autonome, possède une tapisserie culturelle tissée de fils qui permet aux visiteurs de découvrir ses origines et ses traditions.

L'histoire du Monténégro est caractérisée par la résistance et la résilience, un monument de l'esprit inébranlable du pays face à l'adversité. Les Illyriens furent les premiers habitants de la région, un peuple résistant et indépendant qui laissa derrière lui une

Héritage impressionnant de murs et de monuments. Les tribus slaves sont entrées au 6ème siècle après JC. et a créé l'identité culturelle unique du Monténégro. Le développement du duché de Duclie au Moyen Âge a jeté les bases de la future souveraineté du Monténégro. Au XVe siècle, l'Empire ottoman a étendu son règne sur une grande partie de la région, laissant une impression durable sur l'architecture, la cuisine et la langue monténégrines. Au XIXe siècle, on assiste à une montée de la conscience nationale, qui se termine par la déclaration d'indépendance du Monténégro en 1878.

Le XXe siècle a été marqué par des bouleversements tels que les deux guerres mondiales et l'effondrement de la Yougoslavie. Malgré ces obstacles, le Monténégro est devenu un

État souverain en 2006, profitant de sa riche histoire et ouvrant un nouveau chapitre.

La culture monténégrine est un fascinant mélange d'influences qui reflètent les nombreuses communautés qui définissent l'identité du pays. L'Église orthodoxe serbe joue un rôle important dans le pays, comme en témoignent ses nombreux monastères et églises. L'Empire ottoman a influencé la cuisine monténégrine, où les plats épicés tels que l'evapi (boulettes de viande) et le burek (pâtisseries épicées) sont devenus des classiques. La musique et la danse font partie intégrante de la culture monténégrine. Le gusle est un instrument à une seule corde utilisé pour accompagner les mélodies classiques épiques et folkloriques, tandis que le kolo est une danse en cercle qui symbolise l'unité et la célébration. Le Monténégro possède une scène artistique florissante où les artistes contemporains s'inspirent de la beauté naturelle et du patrimoine culturel du pays. L'identité du Monténégro s'exprime également à travers la littérature, le théâtre et le cinéma.

Géographie et climat

Le Monténégro est un petit pays du sud-est de l'Europe, limite Croatie, la Bosnie Herzégovine, Serbie, Kosovo et Albanie. C'est l'un des plus petits pays de la région avec une superficie totale de seulement 13 812 kilomètres carrés. Malgré sa petite taille taille, Monténégro a un très environnement diversifié, comprenant plusieurs facteurs géographiques qui façonnent son caractère unique.

L'épine dorsale du Monténégro est constituée par les Alpes Dinariques, une magnifique chaîne de montagnes qui s'étend à travers les Balkans occidentaux. Ces sommets escarpés, atteignant près de 2 000 mètres d'altitude, forment une toile de fond spectaculaire au paysage du pays. Le parc national de Durmitor, site classé au patrimoine mondial de l'UNESCO, abrite certaines des montagnes les plus impressionnantes du Monténégro, notamment le point culminant du pays, Bobotov Kuk, avec 2 522 mètres d'altitude. La côte Adriatique du Monténégro est la Mecque des baigneurs et des amoureux de la plage. La côte s'étend sur environ 300 kilomètres et compte de belles villes, des criques isolées et des plages immaculées. La baie de Kotor, classée au patrimoine mondial de l'UNESCO, est un exemple particulièrement bel de la splendeur de la côte monténégrine. Entouré de montagnes et parsemé de charmants villages, le relief semblable à un fjord du Monténégro est un incontournable pour tous les visiteurs. Le Monténégro est parsemé de magnifiques lacs, chacun ayant son charme unique. Le lac Skadar, le plus grand lac des Balkans, est un paradis pour les ornithologues amateurs et une destination prisée pour le kayak et la voile. Le lac Noir, dans le parc national de Durmitor, est un lac glaciaire pittoresque entouré de sommets imposants.

Le Monténégro a un climat typiquement méditerranéen avec des étés chauds et secs et des hivers doux et humides. La zone côtière a le climat le plus doux, avec une température moyenne estivale de 22°C à 26°C et une température moyenne hivernale de 4°C à 10°C. Les températures sont plus fraîches dans les montagnes et les chutes de neige sont fréquentes tout l'hiver.

Meilleur moment pour visiter

Le meilleur moment pour visiter le Monténégro dépend de vos activités et préférences. Cependant, les horaires de trajet les plus populaires sont :

Printemps (avril-juin) : Lorsque le froid hivernal s'apaise, les Montagnes Noires prennent vie, peignant le paysage de teintes vives et ravivant l'atmosphère. Les températures varient entre 18°C et 25°C, ce qui le rend idéal pour les activités de plein air telles que la randonnée, le vélo et la découverte des villes côtières.

Été (juillet-août) : L'été est la saison chaude au Monténégro et attire les baigneurs et les amoureux de la plage. Lorsque la température atteint 28°C, la mer Adriatique devient un paradis pour la baignade, la plongée en apnée et les sports nautiques. Attendez-vous cependant à une foule plus importante et à des prix légèrement plus élevés pendant cette période.

Automne (septembre-octobre) : lorsque la chaleur estivale s'atténue, le Monténégro éprouve une sensation de calme. Les températures restent modérées, avec une moyenne comprise entre 15°C et 22°C, parfaites pour profiter de la plage sans foule. L'automne est également le moment idéal pour faire de la randonnée et explorer la campagne, car les feuilles se transforment en une gamme éblouissante de couleurs.

Hiver (novembre à mars) : le paysage du Monténégro se transforme en un paradis enneigé avec le ski et les sports d'hiver en montagne. Même si le temps est plus doux dans les villes côtières, l'humeur des habitants est agréable et joyeuse, surtout pendant les vacances.

Le Monténégro est un pays où l'on peut vivre toute l'année. L'été offre un temps idéal pour les vacances à la plage et les activités de plein air, tandis que l'hiver offre un répit tranquille et des possibilités de pratiquer des sports d'hiver. Les saisons intermédiaires offrent du beau temps, moins de monde et des prix plus bas. Que vous recherchiez l'aventure, la détente ou l'immersion culturelle, le Monténégro a quelque chose pour tout le monde.

Nécessité de visa

Les citoyens des pays suivants n'ont pas besoin d'obtenir de visa pour entrer au Monténégro pour des séjours allant jusqu'à 90 jours :

Autriche, Belgique, Bulgarie, Croatie, Chypre, République tchèque, Danemark, Estonie, Finlande, France, Allemagne, Grèce, Hongrie, Irlande, Italie, Lettonie, Lituanie, Luxembourg, Malte, Pays-Bas, Pologne, Portugal, Roumanie, Slovaquie, Slovénie , l'Espagne et la Suède sont toutes membres de l'Union européenne.

L'Albanie, Andorre, l'Islande, le Liechtenstein, Monaco, la Norvège, Saint-Marin et la Suisse font partie des autres pays européens.

Les autres pays comprennent Antigua-et-Barbuda, l'Argentine, l'Australie, les Bahamas, la Barbade, le Belize, les Bermudes, la Bolivie, le Botswana, le Brésil, Brunei, le Canada, le Chili, la Colombie, le Costa Rica, Cuba, la Dominique, la République dominicaine, l'Équateur, El Salvador et Fidji. , Gambie, Grenade, Guatemala, Guyane, Haïti, Honduras, Hong Kong, Israël, Jamaïque, Japon, Kiribati, Corée du Sud, Koweït, Lesotho, Liechtenstein, Mac Afrique du Sud, Sri Lanka, Suriname, Swaziland, Taïwan, Tanzanie, Thaïlande, Timor oriental, Tonga, Trinité-et-Tobago, îles Turques et Caïques, Tuvalu, Ouganda, Émirats arabes unis, États-Unis, Uruguay, Vanuatu, Venezuela, Zambie, Zimbabwe.

Tous les autres citoyens doivent obtenir un visa pour entrer au Monténégro. Les visas sont disponibles dans les ambassades et consulats monténégrins du monde entier. Il

Le type de visa requis est déterminé par le motif de la visite.

Visa de courte durée (C)

Un visa de court séjour (C) permet aux étrangers de séjourner au Monténégro jusqu'à 90 jours sur une période de six mois. Il est affecté à un ou plusieurs éléments.

Visa longue durée (D)

Les touristes étrangers qui envisagent de rester au Monténégro plus de 90 jours ont besoin d'un visa de longue durée (D). Les visas de longue durée sont valables un an et peuvent être prolongés.

(B) visa de transit

Le visa de transit (B) est délivré aux étrangers

voyageant vers un autre pays via le Monténégro. La

validité   est seulement 72 heures. Pour demander un visa, les documents suivants doivent être présentés :

Formulaire de demande de visa complété Passeport actuel

Deux photographies format passeport Documents d'assurance voyage

Documents d'hébergement

Preuve de capacité financière

Lettre d'invitation de l'hôte du Monténégro (le cas échéant)

Les délais de traitement des demandes de visa varient en fonction du type de visa et de la nationalité du demandeur.

N'oubliez pas que la réglementation relative aux visas au Monténégro est susceptible de changer. Avant de voyager, contactez l'ambassade ou le consulat monténégrin de votre pays.

Le Monténégro est un pays charmant qui a beaucoup à offrir aux touristes. Si vous envisagez de visiter le Monténégro, assurez-vous d'avoir le visa nécessaire.

Argent et questions monétaires

La monnaie nationale du Monténégro est l'euro (€). Chaque euro Il consiste de 100 euro centimes. Le Monténégro a adopté l'euro en 2002, bien qu'il ne soit pas encore membre de l'UE. Cela signifie qu'il n'est pas nécessaire d'échanger de l'argent à votre arrivée au Monténégro. Les billets en euros sont disponibles en coupures de 5, 10, 20, 50, 100, 200 et 500 euros. Les pièces en euros sont disponibles en coupures de 1 et 2 euros, et les centimes en coupures de 1, 2, 5, 10, 20 et 50. Le taux de change entre l'euro et autre pièces de monnaie changements tous les jours. Échange actuel tarifs pouvoir être trouvé en ligne Ô En monténégrin banques. Distributeurs automatiques de billets fils répandu dans tout le Monténégro, en particulier dans les zones touristiques. Toi pouvoir retirer euros de Distributeurs automatiques de billets dans

Monténégro en utilisant une carte ATM. Cependant, l'utilisation de cartes ATM internationales peut être payante.

Les cartes de crédit sont également généralement acceptées au Monténégro. Vous pouvez utiliser votre carte de crédit pour effectuer des achats dans la plupart des magasins et restaurants. Cependant, votre fournisseur de carte de crédit peut facturer des frais de transaction à l'étranger. Le Monténégro n'accepte plus aussi facilement les chèques de voyage qu'auparavant. Cependant, certaines banques et bureaux de change peuvent toujours accepter les chèques de voyage. Le pourboire n'est pas nécessaire, mais le Monténégro le prend au sérieux. Si vous devez donner un pourboire, 10 % est approprié. Le Monténégro est un pays cher à visiter. Il existe cependant des moyens d'économiser de l'argent sur votre voyage. Par exemple, vous pouvez séjourner dans un hôtel ou une maison d'hôtes au lieu d'un restaurant, manger dans des restaurants locaux plutôt que dans des pièges à touristes et préparer certains de vos propres repas.

Le Monténégro impose une taxe sur le tourisme. Les montants des taxes varient en fonction de l'emplacement et du type de propriété. La taxe est normalement payée à votre arrivée à votre hébergement. Les coûts au Monténégro sont les mêmes que dans les autres pays européens. En revanche, les destinations touristiques peuvent être plus chères. La négociation n'est pas courante au Monténégro. Cependant, sur certains marchés, vous pouvez marchander des souvenirs. Voici d'autres conseils pour gérer votre argent au Monténégro :

C'est toujours une bonne idée d'emporter quelques euros lors de votre visite au Monténégro. De cette façon, vous n'aurez pas à changer d'argent à l'aéroport, ce qui peut coûter cher. Utiliser un guichet automatique : Le moyen le plus simple de retirer des euros au Monténégro est d'utiliser un guichet automatique. Cependant, avant de voyager, vérifiez auprès de votre banque si elle a des banques partenaires au Monténégro qui proposent des retraits gratuits.

Les cartes de crédit sont généralement acceptées au Monténégro. Cependant, vérifiez auprès de votre banque avant de voyager s'il y a des frais de transaction à l'étranger.

Certaines escroqueries au Monténégro ciblent les touristes. Soyez conscient de votre environnement et évitez d'échanger de l'argent avec des inconnus dans la rue.

Conseils de santé et de sécurité

Soyez prudent lorsque vous transportez des objets de valeur : gardez un œil sur vos effets personnels, en particulier dans les endroits très fréquentés ou dans les transports en commun. Cachez vos objets de valeur, évitez de transporter de grosses sommes d'argent et utilisez les coffres-forts des hôtels autant que possible. Soyez prudent dans les situations inhabituelles : soyez conscient de votre environnement et évitez les zones mal éclairées ou inhabitées, surtout la nuit. Surveillez les comportements étranges et faites confiance à votre instinct. Respectez les coutumes et l'étiquette locales : lorsque vous visitez des sites religieux, habillez-vous convenablement et évitez les manifestations publiques de piété. Apprendre des phrases de base en monténégrin peut améliorer vos interactions et faire preuve de sensibilité culturelle. Recommandations en matière de vaccination : Vérifiez auprès de votre médecin ou de votre clinique de voyage si vous avez besoin de vaccins pour votre voyage au Monténégro. Vérifiez vos vaccinations de routine contre la rougeole, les oreillons, rubéole (ROR), tétanos, diphtérie et polio. La prévention des tiques est importante au Monténégro, surtout pendant les mois les plus chauds. Portez des vêtements à manches longues, rentrez votre pantalon dans vos chaussettes et utilisez un insectifuge contenant du DEET. Il vous sera demandé de subir un examen physique complet après votre sortie.

Sécurité de l'eau : Pour éviter les infections d'origine hydrique, buvez uniquement de l'eau en bouteille ou bouillie. Soyez prudent lorsque vous nagez dans des plans d'eau naturels, car certains peuvent abriter des bactéries ou des parasites dangereux.

Protection solaire : Le soleil au Monténégro peut être intense, surtout en été. Appliquez régulièrement un écran solaire avec un FPS de 30 ou plus, portez des vêtements de protection et recherchez l'ombre pendant les heures de pointe.

Consultez immédiatement un médecin : Si vous avez des problèmes de santé, consultez immédiatement un médecin.

Il y a du personnel médical anglophone dans les principales zones touristiques.

Sécurité routière : Bien que les routes du Monténégro soient généralement bien entretenues, certains itinéraires de montagne peuvent nécessiter une attention particulière. Conduisez prudemment, respectez les limitations de vitesse et soyez très prudent la nuit ou par mauvais temps.

Les bus, les trains et les taxis sont des options de transport public au Monténégro. Pour éviter les arnaques, prenez un taxi agréé auprès d'une entreprise de confiance. Prenez soin de vos affaires et soyez prudent lorsque vous voyagez en bus ou en train. Sports nautiques : lorsque vous participez à des sports nautiques tels que la plongée, le kayak ou la voile, vous devez respecter les exigences de sécurité, porter un équipement de sécurité approprié et embaucher un opérateur agréé.

En suivant ces conseils détaillés en matière de santé et de sécurité, vous serez en mesure de maximiser votre plaisir et votre sécurité tout en admirant la beauté époustouflante du Monténégro. N'oubliez pas que la préparation et la concentration sont essentielles pour vivre une expérience de voyage agréable et sécuritaire.

Les essentiels de l'emballage

Le climat du Monténégro varie selon la géographie et la saison. Le climat dans les zones côtières est généralement plus doux, tandis que dans les hautes terres, les températures sont plus fraîches, surtout en hiver. Le port de plusieurs couches de vêtements est essentiel pour s'adapter à ces différentes situations.

Pendant les mois d'été (de juin à août), portez des vêtements légers et respirants comme des t-shirts, des shorts, des jupes et des robes. Un pull ou une veste légère peut être utile la nuit et les jours plus froids. Pour le printemps (de mars à mai) et l'automne (de septembre à octobre), portez des vêtements légers à moyens, comme des chemises à manches longues, des pantalons et des vestes légères ou un sweat à capuche. Emportez des vêtements chauds pour l'hiver (de novembre à février), notamment des pulls, des polaires et des imperméables.

vestes et couches thermiques. Les écharpes, gants et bonnets sont également indispensables pour les voyages hivernaux. Si vous souhaitez explorer les magnifiques sentiers de randonnée des Montagnes Noires, vous avez besoin de chaussures de randonnée durables et offrant une bonne traction. Apportez des chaussures de marche confortables pour visiter et explorer la ville. Sandales : emportez des sandales ou des tongs pour les journées de farniente à la plage.

Apportez votre maillot de bain et une serviette et profitez des vagues enchanteresses de la mer Adriatique. Utilisez un écran solaire et des lunettes de soleil avec un FPS élevé pour vous protéger du soleil. Emportez une trousse de premiers secours de base en cas d'accidents ou de maladies mineures. L'insectifuge est particulièrement important en été pour se protéger des moustiques et autres insectes piqueurs. Si vous voyagez depuis un pays disposant de différentes prises de courant, vous devrez vous munir d'un convertisseur universel pour recharger les appareils électroniques. Vérifier que vous disposez de tous les documents de voyage nécessaires tels que passeport, visa (si nécessaire) et assurance voyage. Échangez de l'argent contre de la monnaie locale. Capturez la beauté du Monténégro avec votre appareil photo et n'oubliez pas d'apporter un chargeur de batterie pour recharger vos batteries. Emportez une bouteille d'eau réutilisable pour rester hydraté et éviter les déversements. Les randonnées et randonnées à la journée nécessitent un sac à dos ou un sac à dos pour transporter l'essentiel. Tenez un journal de voyage pour enregistrer vos aventures et créer de précieux souvenirs de votre voyage. Apprendre quelques phrases simples en monténégrin vous aidera à communiquer avec les locaux. Apportez des collations et des liquides pour les promenades ou randonnées plus longues. Apportez des livres, de la musique ou d'autres formes de divertissement avec vous pendant les pauses.

J'utilise toujours les conseils d'emballage suivants pour m'assurer d'avoir suffisamment de fournitures de vacances et

Je les recommande vivement : Pour gagner de la place, pliez vos vêtements au lieu de les plier. Les cubes d'emballage peuvent vous aider à organiser vos affaires et à gagner de la place dans votre valise. Apportez un hamac de voyage léger pour vous détendre à l'extérieur. Laissez de la place dans votre valise pour les souvenirs. Vérifiez les limites de poids des bagages auprès de votre compagnie aérienne ou de votre voyagiste. Si vous préparez soigneusement votre voyage au Monténégro, votre voyage sera agréable et confortable. Avec une planification et une préparation minutieuses, vous serez pleinement préparé à profiter de tout ce que ce pays passionnant a à offrir. J'utilise souvent ces conseils d'emballage pour m'aider à emporter suffisamment de choses en vacances, alors je les recommande : Roulez vos vêtements au lieu de les plier pour gagner de la place. Organisez vos affaires et maximisez l'espace de vos bagages avec des cubes d'emballage. Pensez à apporter un hamac de voyage léger pour les loisirs en plein air. Pars s'il te plait

De la place dans votre valise pour les souvenirs. Vérifiez auprès de votre compagnie aérienne ou de votre prestataire de voyages les restrictions de poids des bagages.

Y arriver

L'aéroport de Tivat (TIV) et l'aéroport de Podgorica (GOL) sont des aéroports internationaux du Monténégro. Les deux aéroports proposent plusieurs vols au départ des grandes villes européennes. Aéroport international de Tivat

L'aéroport de Tivat est situé dans la ville de Tivat, sur la côte Adriatique, au Monténégro. Il dessert les attractions touristiques populaires de Budva, Kotor et Sveti Stefan.

Compagnies aériennes desservant l'aéroport de Tivat :

- ☐ Aéroflot
- ☐ Aire Serbie

- ☐ Compagnies aériennes autrichiennes

- ☐ facilJet

- ☐ Lufthansa

- ☐ Compagnies aériennes monténégrines

- ☐ Victoria
- ☐ Compagnies aériennes S7
- ☐ Turkish Airlines
- ☐ aire libre

L'aéroport de Podgorica est situé dans la capitale, Podgorica. Il s'agit du plus grand aéroport du Monténégro et propose un choix de vols plus large que l'aéroport de Tivat.

Compagnies aériennes desservant l'aéroport de Podgorica :

- ☐ Aéroflot
- ☐ Aire Serbie
- ☐ Compagnies aériennes autrichiennes

- ☐ Croatie Airlines

- ☐ facilJet

- ☐ LOT Compagnies aériennes polonaises

- ☐ Compagnies aériennes monténégrines

☐ Turkish Airlines

☐ aire libre

Il existe de nombreuses façons de réserver des vols vers le Monténégro. Vous pouvez réserver directement auprès de la compagnie aérienne, de l'agence de voyages ou du site de réservation de voyages en ligne.

Se déplacer

Les autobus

Voyager au Monténégro en bus est un moyen de transport sûr, pratique et pratique. Le système de bus est très développé et des bus circulent régulièrement vers les grandes villes du pays. Les bus sont également un excellent moyen de se rendre dans les petites villes et les zones reculées.

Plusieurs compagnies de bus opèrent au Monténégro. Les entreprises les plus populaires sont :

Monténégro Lines : Monténégro Lines est la compagnie nationale de bus du Monténégro. Ils exploitent un réseau de bus vers les principales villes du Monténégro. Ligne Bleue : La Ligne Bleue est une compagnie de bus privée qui exploite un réseau de bus le long de la côte Adriatique de

Monténégro. Ils exploitent également des bus vers des destinations locales. Lino Tours : Lino Tours est une compagnie de bus privée qui exploite un réseau de bus vers les principales villes du Monténégro. Certains bus desservent également les villes voisines. Les billets de bus peuvent être achetés en ligne, dans les gares routières et dans les agences de voyages. Il est recommandé d'acheter les billets à l'avance, surtout en haute saison. Les horaires des bus sont disponibles sur le site Internet de la compagnie de bus. Les horaires des bus peuvent également être vérifiés dans les gares routières et les agences touristiques. Les prix des bus au Monténégro sont très abordables. Le ticket de bus moyen coûte entre 2 et 5 euros. Chaque passager a droit à un bagage à main et un bagage enregistré. Le poids du bagage à main ne doit pas dépasser 5 kg et ses dimensions 50 x 40 x 20 cm. Le poids des bagages enregistrés ne doit pas dépasser 23 kg et la taille totale ne doit pas dépasser 158 cm.

Il existe des gares routières dans les principales villes du Monténégro. Certaines petites villes et régions éloignées disposent également d'arrêts de bus.

La plupart des bus au Monténégro sont équipés de la climatisation et de sièges confortables. Certains bus disposent également du WiFi et d'une salle de bain.

Les trains

Le système ferroviaire du Monténégro, exploité par Željeznički Transport Crne Gore (ŽTCG), comprend deux itinéraires principaux :

Chemin de fer Belgrade-Bar : Cet itinéraire de 272

kilomètres relie la capitale serbe Belgrade à la ville côtière de Bar et est connu pour ses paysages époustouflants. Traverser la Tara

Gorge, la gorge la plus profonde d'Europe, et le parc national de Biogradska Gora.

Chemin de fer Podgorica-Nikšić – Cet itinéraire de 64 kilomètres relie la capitale Podgorica à la ville historique de Nikšić et offre un aperçu de l'arrière-pays montagneux du Monténégro.

ŽTCG exploite trois principaux types de trains :

InterCity (IC) : les trains IC offrent les trajets les plus rapides et les plus confortables et disposent de sièges climatisés, de fenêtres panoramiques et de restauration à bord.

Passager (P) : les trains P offrent des services standards, des sièges confortables et des temps de trajet raisonnables.

Local (L) : les trains L desservent des gares plus petites et offrent des temps de trajet plus lents. Ils constituent une option économique pour les trajets plus courts. Pour planifier votre voyage en train au Monténégro, utilisez le site officiel du ŽTCG (https://www.zcg-prevoz.me/puntos-de-venta.html) ou l'application mobile « Provoz Vozila » (Opérations Ferroviaires). . Ces plateformes fournissent des horaires en temps réel, des informations tarifaires et des réservations de billets en ligne.

Les billets peuvent être achetés en ligne via le site Web ou l'application ŽTCG, aux guichets des gares ou dans les agences de voyages agréées. Pendant la haute saison,

Il est recommandé de réserver à l'avance pour garantir vos sièges préférés.

Les tarifs varient en fonction du type de train, de l'itinéraire et de la distance parcourue. Les trains InterCity facturent généralement des tarifs plus élevés, tandis que les trains locaux offrent les options les moins chères. Des réductions sont disponibles pour les enfants, les étudiants et les seniors.

Les passagers ont droit à un bagage à main et un bagage enregistré. Les dimensions des bagages à main ne peuvent excéder 55 cm x 40 cm x 20 cm, tandis que celles des bagages enregistrés ne peuvent excéder 80 cm x 60 cm x 40 cm. Des frais supplémentaires peuvent s'appliquer pour les excédents de bagages. Les trains InterCity offrent les commodités les plus complètes, notamment la climatisation, des sièges confortables, des fenêtres panoramiques, une restauration à bord et prises électriques. Les trains de voyageurs et de banlieue offrent généralement des sièges de base et des commodités limitées.

Le réseau ferroviaire du Monténégro propose plusieurs voyages en train panoramiques qui permettent aux passagers de s'immerger dans les paysages fascinants du pays :

Chemin de fer Belgrade-Bar – Cet itinéraire emblématique traverse le canyon de la rivière Tara et offre une vue imprenable sur les gorges et les montagnes environnantes.

Chemin de fer Podgorica-Nikšić : ce voyage serpente à travers un terrain montagneux et offre des vues panoramiques sur les collines, les forêts luxuriantes et les villages traditionnels.

Voyager en train au Monténégro offre une

expérience unique et enrichissante, permettant aux voyageurs de découvrir la beauté naturelle et la culture authentique du pays. Avec son train efficace et panoramique.

Le Monténégro offre un environnement captivant pour un voyage inoubliable.

Taxis

Les taxis sont un moyen pratique et économique de se déplacer au Monténégro, en particulier dans les villes. Ils sont disponibles et peuvent être commandés dans la rue ou par téléphone. Les taxis sont relativement bon marché et la plupart des chauffeurs sont honnêtes et fiables.

Les taxis au Monténégro coûtent généralement à partir de 1,50 euros. Le compteur indique 1,00 euros par kilomètre. Il y a également des frais supplémentaires pour le temps d'attente et les bagages. Donner un pourboire aux chauffeurs de taxi n'est pas courant au Monténégro, mais c'est apprécié. Un pourboire de EUR

1,00 ou 2,00 EUR sont acceptés. Il existe plusieurs façons de réserver un taxi au Monténégro :

Appelez un taxi dans la rue : les taxis sont faciles à trouver dans la plupart des villes. Si vous voyez un taxi, arrêtez-le. Appelez une compagnie de taxi : il existe de nombreuses compagnies de taxi au Monténégro. Les listes des compagnies de taxi peuvent être trouvées dans l'annuaire téléphonique ou en ligne. Utilisez des applications de taxi : Il existe plusieurs applications de taxi au Monténégro, telles que Taxi Podgorica et Taxi Budva.

Voici quelques-unes des compagnies de taxi les plus populaires au Monténégro :

Taxi Podgorica : +382 68 011 555

Taxi Budva : +382 67 360 000

Premium Car Vous : +382 67 340 900

Taxi de l'aéroport de Podgorica : +382 69 047 777

Trajets en taxi Monténégro : +382 67 737 787

Taxi à Podgorica, Monténégro : +382 68 132 456

Au Monténégro, il n'est pas obligatoire de donner un pourboire aux chauffeurs de taxi, mais cela est considéré comme une courtoisie. Il est d'usage de laisser un pourboire de 10 % pour un bon service. Une pratique courante consiste à arrondir le taux de change à l'euro le plus proche. Lorsque vous montez à bord du bus, assurez-vous que le compteur fonctionne correctement pour éviter les erreurs.

Les taxis sont un moyen de transport abordable, confortable et fiable au Monténégro, permettant aux voyageurs d'explorer facilement les divers paysages, les villes charmantes et les trésors cachés du pays. En suivant ces conseils et directives, vous pourrez facilement naviguer au Monténégro en taxi et maximiser votre expérience de voyage.

Louer une voiture

Le Monténégro est un pays magnifique qui a beaucoup à offrir aux touristes, des paysages époustouflants aux villes et villages charmants. L'une des meilleures façons d'explorer le Monténégro est de louer une voiture. Cela vous donne la liberté de voyager à votre rythme et de voir tout ce que le pays a à offrir.

Pour louer une voiture au Monténégro, vous devez

avoir au moins 18 ans et posséder un permis de conduire valide de votre

Pays. Selon votre nationalité, vous pouvez être titulaire d'un permis de conduire international. Il existe plusieurs options de location de voitures au Monténégro, des petites voitures aux SUV et mini-fourgonnettes. Le type de voiture que vous choisissez dépend de vos préférences et de votre budget.

Le coût de location d'une voiture au Monténégro dépend du type de voiture, de l'agence de location et de la période de l'année. Cependant, comptez entre 20 et 50 euros par jour pour louer une voiture.

Il existe de nombreuses sociétés de location de voitures locales et internationales au Monténégro. Certaines des entreprises les plus populaires comprennent :

saccades

Journal

automobile

européen six

Peuplier

Location de voiture

Monténégro Monténégro

Global Car Rental Mesure de

la location

copropriété

Location de voiture Monténégro

L'assurance automobile au Monténégro est obligatoire. Les sociétés de location proposent généralement une variété d'options d'assurance, notamment une couverture contre les dommages par collision (CDW), une couverture contre le vol et une couverture contre les accidents personnels.

couverture. Lisez toujours attentivement les conditions avant de signer quoi que ce soit.

La plupart des sociétés de location de voitures au Monténégro ont des bureaux dans les principaux aéroports et les grandes villes. Vous pouvez également prendre rendez-vous pour récupérer la voiture à votre hôtel ou à votre domicile. Lorsque vous récupérez la voiture, assurez-vous de la vérifier attentivement pour déceler d'éventuels dommages. Faites également attention au niveau de carburant et au kilométrage. Assurez-vous d'apporter tous les documents de location, y compris votre permis de conduire et votre assurance. Lors de la restitution de la voiture, assurez-vous de la restituer avec le réservoir plein de carburant et dans le même état que lorsque vous l'avez récupérée. Vous devez également prévoir suffisamment de temps pour arriver au lieu de location avant la fin de la période de location. Conduire au Monténégro est généralement sûr, mais il y a quelques points à garder à l'esprit :

Les routes du Monténégro peuvent être étroites et sinueuses.

Il existe de nombreux ralentisseurs non signalés, alors allez-y doucement dans les zones résidentielles. Le stationnement peut être difficile dans certaines zones, alors assurez-vous de vous accorder plus de temps pour trouver une place.

Merci de respecter les piétons et les cyclistes. Attachez toujours votre ceinture. Ne buvez pas et conduisez. Conseils pour louer une voiture au Monténégro

Réservez votre voiture de location à l'avance,

surtout en haute saison.

Comparez les prix des différentes sociétés de location pour obtenir la meilleure offre. Assurez-vous de lire attentivement les termes du bail avant de signer quoi que ce soit.

Souscrivez une assurance pour vous protéger contre les accidents et le vol. Veuillez vérifier soigneusement votre voiture de location pour déceler tout dommage avant de la récupérer.

Conduisez prudemment et respectez le code de la route. Louer une voiture est un excellent moyen d'explorer le Monténégro. En suivant ces conseils, vous pouvez garantir une expérience de conduite sûre et confortable.

Hébergement

Le Monténégro est situé sur la côte Adriatique et propose une variété d'hébergements luxueux et confortables. Ces cinq hôtels et centres de villégiature triés sur le volet rendront votre séjour inoubliable :

Aman Sveti Stefan : Situé sur une île privée, ce complexe unique allie charme historique et luxe moderne. Les vues sur les eaux cristallines et les bâtiments en pierre du XVe siècle magnifiquement restaurés créent une expérience sans pareille.

Regent Hotel Porto Monténégro : Pour ceux qui

recherchent l'élégance et la sophistication, cet hôtel en bord de mer de Tivat satisfera vos besoins. Avec son design élégant, ses équipements haut de gamme et sa proximité avec

La marina est un paradis pour les voyageurs les plus exigeants. Hôtel Splendid Conference & Spa Resort – Ce complexe cinq étoiles à Becici est un chef-d'œuvre de luxe. Des chambres spacieuses au spa de classe mondiale, chaque détail a été conçu pour offrir aux clients une expérience royale.

Iberostar Heritage Grand Perast : Cet hôtel historique situé dans la charmante ville de Perast allie tradition et luxe. La terrasse offre une vue magnifique sur les baies de Kotor.

Forza Mare : Situé dans le centre de Dobrota, ce charmant hôtel se distingue par son service personnalisé et son atmosphère chaleureuse. Les chambres à la décoration unique et les vues panoramiques sur la mer en font un joyau caché.

Pour le voyageur soucieux de son budget et à la recherche d'une expérience locale, le Monténégro propose des hôtels et des auberges confortables avec une atmosphère chaleureuse et accueillante :

Monténégro Hostel B&B Kotor : Située dans le centre de Kotor, cette auberge économique offre une atmosphère conviviale et la possibilité de rencontrer d'autres voyageurs. Les espaces publics et les événements organisés en font un centre social.

Old Town Hostel Budva : Idéalement située dans la vieille ville de Budva, cette auberge offre une atmosphère animée et un accès facile à la ville animée.

la vie nocturne. Propre et confortable, bonne option pour les voyageurs sociaux.

Hostel Anton Podgorica – Cette auberge de la capitale est abordable et située au centre. Une cuisine et une salle communes renforcent le sentiment de communauté entre les invités.

Freedom Hostel Herceg Novi : Avec une atmosphère relaxante et proche de la plage, cette auberge de Herceg Novi est un paradis pour les amoureux du soleil à petit budget. La terrasse extérieure offre une vue fantastique sur la mer.

Izvor Bar Hostel : Située à Bar, cette auberge offre un séjour paisible. L'hospitalité chaleureuse et les chambres confortables en font un choix idéal pour ceux qui recherchent une retraite paisible.

Pour les voyageurs à la recherche d'une expérience unique, le Monténégro propose des hébergements vraiment uniques :

Glamping Oaza Mir : Découvrez la magie d'être entouré par la nature dans ce bel endroit près du lac Shkadar. Des tentes luxueuses, des activités de plein air et un environnement tranquille offrent la combinaison parfaite de confort et d'aventure.

Treehouse Apartments à Lustica Bay - Situé dans la forêt surplombant la mer Adriatique. Ces appartements dans les arbres de Lustica Bay offrent un cadre magique. Réveillez-vous avec une vue panoramique et profitez d'un séjour unique en pleine nature.

Hôtel Igalo Porto : Flottant au-dessus de la mer à Igalo, cet hôtel offre une expérience non conventionnelle. Les chambres sont situées sur un ponton, donnant l'impression d'être doucement bercées par les vagues.

Eco Hotel Carrubba : Situé dans les montagnes près

de Kotor, cet hôtel écologique est un paradis pour les amoureux de la nature. Pratiques durables et vues panoramiques en font un choix unique et responsable.

Villa Olive : Plongez dans la culture locale dans cette villa traditionnelle en pierre entourée d'oliviers. Situé dans la campagne près de Bar, l'hôtel offre une expérience monténégrine authentique.

Hôtels adaptés aux enfants

Lorsque vous voyagez avec des enfants, il est important de choisir un hébergement adapté aux enfants et offrant un environnement confortable et sûr. Voici quelques hôtels au Monténégro connus pour être adaptés aux familles :

Iberostar Bellevue-Budva :

Cet hôtel de Budva offre une atmosphère familiale

et des installations comprenant un club pour enfants, une aire de jeux et des chambres familiales.

la plage

L'emplacement est parfait pour les familles qui souhaitent profiter de la mer. Les prix démarrent autour de 150 € la nuit pour une chambre familiale.

Hôtel Palma-Tivat:

L'Hôtel Palma est situé à Tivat et propose des chambres familiales et diverses commodités pour les enfants. L'hôtel se trouve à proximité de Porto Monténégro, où les familles peuvent explorer les boutiques, les restaurants et profiter du front de mer pittoresque.

Chedi Resort Lustika Bay, Tivat:

Cet hôtel de luxe à Tivat propose des suites et des villas spacieuses, idéales pour les familles. L'hôtel dispose d'une plage privée, de plusieurs piscines et de plusieurs restaurants. Le cadre paisible en fait un bon choix pour des vacances en famille.

Avala Villa Resort-Budva:

L'Avala Resort & Villas est un hôtel en bord de mer à Budva proposant des chambres familiales et une piscine extérieure. L'hôtel est proche de la vieille ville et de la plage, ce qui en fait une option pratique pour les familles explorant la région.

Régence de Porto Monténégro - Tivat :

Regent Porto Monténégro est une autre option de Tivat proposant des chambres et des suites spacieuses aux intérieurs élégants. L'hôtel dispose d'une piscine et se trouve à proximité d'attractions telles que le musée maritime.

Splendid Conference & Spa Resort Hôtel Budva:

Cet hôtel cinq étoiles situé à Bečići, près de Budva, dispose d'installations adaptées aux familles, notamment un club pour enfants et une plage privée. Les services de spa permettent aux parents de se détendre.

Falkensteiner Hôtel Monténégro - Budva:

Cet hôtel de Budva propose des services et des installations adaptés aux familles, notamment une piscine et une aire de jeux pour enfants. Le design moderne et les chambres confortables en font un bon choix pour les familles. Lorsque vous voyagez avec des enfants, il est préférable de contacter directement l'hôtel pour connaître les services qu'il propose actuellement et les événements spéciaux qu'il organise pour les familles. Tenez également compte de l'emplacement de l'hôtel par rapport aux attractions que vous envisagez de visiter au Monténégro.

MÉTROaestral Resort & Casino (Budva): Ce spa dispose d'un club pour enfants, d'une aire de jeux et d'une piscine.

et une vue imprenable sur la mer Adriatique. Les prix commencent à environ 200 euros la nuit pour une chambre familiale.

Hôtel Monténégro Beach Resort (Tivat): Ce complexe familial dispose d'une plage privée, d'un club pour enfants et de grandes piscines pour satisfaire tout le monde. Les prix commencent à environ 100 € la nuit pour une chambre familiale. Maestral Resort & Casino (Budva) : Cette station balnéaire dispose d'un club pour enfants, d'une aire de jeux, d'une piscine et d'une vue imprenable sur la mer Adriatique. Les prix commencent à environ 200 euros la nuit pour une chambre familiale. Boutique Hotel Astoria (Kotor) : Ce charmant hôtel est situé au cœur de la vieille ville de Kotor, avec une vue magnifique sur la baie. Le prix des chambres familiales est d'environ 120 euros par nuit.

Régions et villes

Podgorica

La capitale du pays, Podgorica, est située au cœur du Monténégro et allie histoire ancienne, sites modernes et beauté naturelle. Qu'il s'agisse d'explorer des sites historiques ottomans ou de s'immerger dans une scène culturelle dynamique, Podgorica a quelque chose à offrir à chaque visiteur. Enjambant élégamment la rivière Morak, ce pont en arc est un symbole de la modernité de Podgorica et offre une vue imprenable sur les toits de la ville. Cette tour du XVIIe siècle est un vestige de la domination ottomane de Podgorica et un gardien silencieux du passé de la ville. Le pont

Ribnica est un charmant pont en pierre du XVe siècle qui offre une vue pittoresque sur la vieille ville de Podgorica. Ce magnifique début du 20ème siècle.

La cathédrale témoigne du riche patrimoine religieux de Podgorica. Le plus grand lac d'eau douce d'Europe, le lac Shkadar est un paradis pour les ornithologues amateurs, les amoureux de la nature et tous ceux qui recherchent une retraite paisible. La rivière Morak serpente à travers le paysage et offre des vues imprenables, notamment sur les célèbres chutes du Niagara entourées d'une verdure luxuriante. Cette gorge, formée par la rivière Cijevna, est une merveille naturelle avec de hautes falaises, une végétation luxuriante et des grottes cachées.

Monastère d'Ostrog : Le monastère d'Ostrog, situé sur un rocher, est l'un des sites religieux les plus vénérés du Monténégro. La chambre offre une vue fantastique sur la campagne environnante. Plongez dans l'histoire et la culture de la ville au musée municipal de Podgorica, qui abrite une collection d'objets, de peintures et d'expositions. Profitez d'une représentation théâtrale dans

Théâtre national du Monténégro, connu pour son riche répertoire de pièces de théâtre et d'opéras. Plongez dans le monde du cinéma au Zeta Film Festival, un événement annuel présentant des films internationaux et monténégrins. Profitez des rythmes énergiques du jazz au Podgorica Jazz Festival, une célébration de ce genre populaire.

Podgorica compte des centaines de restaurants vendant de tout, de la cuisine monténégrine locale à la cuisine étrangère. Les restaurants les plus populaires à Podgorica sont :

Pod Volom : Situé dans le centre de Podgorica, ce restaurant sert une authentique cuisine monténégrine. Le menu comprend du cevapi, du pleskavica et du goulasch. Pizzeria Voda : Située au centre de Podgorica,

Cette pizzeria sert une cuisine italienne. Le menu comprend des pizzas, des pâtes et de la salade. Plantae : Ce restaurant végétarien est situé au centre de Podgorica. Le menu comprend des salades, des wraps et des hamburgers. Podgorica possède une vie nocturne animée et un large choix de bars. Les bars les plus populaires de Podgorica sont :

Spoutnik : Situé au centre de Podgorica, ce bar est un lieu de rencontre prisé des locaux et des touristes. Le bar dispose d'une grande terrasse extérieure et propose une variété de boissons.

Visite : Situé dans le centre de Podgorica, ce bar est

un endroit populaire pour écouter de la musique live. Le bar dispose d'une scène et propose des concerts et des soirées DJ. Terrasse 54 :

Situé sur le toit du Hilton Podgorica, ce bar offre une vue fantastique sur la ville. Le bar propose une variété de boissons et est un endroit populaire pour les cocktails au coucher du soleil.

Beerpong : Situé dans le centre de Podgorica, ce bar est un endroit populaire pour le beerpong. Le bar dispose de plusieurs tables de bière-pong et sert une variété de boissons.

À Podgorica, de nombreux clubs sont ouverts jusque tard dans la nuit. Certaines des discothèques les plus célèbres de Podgorica sont :

My Club – Cette discothèque est située au centre de Podgorica et est l'une des plus grandes de la ville. Le club dispose de plusieurs pistes de danse et joue une grande variété de musique. Forum : Situé au centre de

Podgorica, cette discothèque est une salle de musique électronique populaire. Le club dispose de nombreuses pistes de danse et d'une grande terrasse extérieure. XXL : Située au centre de Podgorica, cette discothèque est un endroit populaire pour écouter de la musique hip-hop et R&B. Le club dispose de nombreuses pistes de danse et d'une grande terrasse extérieure. Podgorica est une destination passionnante qui vous garantit des vacances fantastiques. La riche histoire de Podgorica, son paysage culturel dynamique et sa beauté naturelle époustouflante suffisent à attirer tout visiteur. Explorez la capitale monténégrine et découvrez sa combinaison unique d'ancien et de nouveau, de nature et de culture, et créez des souvenirs qui dureront toute une vie.

Sale

Kotor est une belle ville médiévale située dans la baie de Kotor au Monténégro. Entouré montagnes et la mer Adriatique, la ville est une destination touristique populaire. La vieille ville de Kotor est inscrite au patrimoine mondial de l'UNESCO et est célèbre pour ses murs, églises et palais bien conservés. La baie de Kotor est une baie semblable à un fjord et constitue l'un des plus beaux objets naturels du Monténégro. Le centre historique de Kotor est un labyrinthe de rues étroites, de petites places et de cours cachées. La ville abrite de nombreuses attractions historiques, notamment la cathédrale de Kotor, le musée maritime et le palais princier. Les remparts de la ville valent également le détour, offrant une vue fantastique sur la baie et les montagnes environnantes.

La baie de Kotor est un fjord entouré de montagnes. La baie abrite de nombreuses petites villes et villages, ainsi que plusieurs îles. La baie est une destination populaire pour la baignade, la navigation de plaisance et pêche. Des anciennes fortifications aux places animées et aux charmantes rues pavées, Kotor offre un aperçu du riche passé et du présent dynamique de la région.

La vieille ville de Kotor est le cœur et l'âme de la ville, un labyrinthe de rues étroites, de cours cachées et de places charmantes qui racontent l'histoire des siècles passés. Entourée d'impressionnantes fortifications, la vieille ville est inscrite au patrimoine mondial de l'UNESCO, connue pour sa valeur universelle exceptionnelle et son témoignage de l'excellence architecturale et urbanistique de la République de Venise.

St. Au cœur de la vieille ville de Kotor se trouve la cathédrale de Triphon, une superbe cathédrale romane du XIIe siècle. L'extérieur de la cathédrale présente des sculptures complexes et un magnifique clocher,

tandis que l'intérieur est décoré de belles fresques et d'un autel décoré de feuilles d'or. Situé dans le château historique de Gegulin, le musée maritime de Kotor documente le riche patrimoine maritime de la ville. L'exposition présente des objets maritimes anciens, des maquettes de navires et des histoires fascinantes sur le rôle de Kotor dans le commerce maritime méditerranéen.

Les impressionnants murs entourant la vieille ville de Kotor témoignent de l'importance stratégique et de la résilience de la ville au fil des siècles. Les visiteurs peuvent escalader les murs pour une vue panoramique fantastique sur la ville et la baie environnante de Boca Cotosca.

De Kotor, il y a un court trajet en bateau jusqu'à la pittoresque île de Notre-Dame, qui abrite une charmante église dédiée à la Vierge Marie. La légende   raconte   que   le

L'île a été formée grâce aux marins qui ont jeté des pierres dans la mer après avoir découvert une icône de la Vierge à l'Enfant sur le rivage de l'île.

La forteresse de Mamura, située sur la péninsule de Lustik, est un triste rappel du passé mouvementé du Monténégro. Durant la Seconde Guerre mondiale, le fort servit de camp de concentration pour les prisonniers de guerre. Aujourd'hui, c'est un sombre monument aux horreurs de la guerre. La Grotte Bleue, accessible uniquement par bateau, est un trésor caché sur la péninsule de Lustica. La lumière du soleil brille à travers l'entrée sous-marine de la grotte avec une lueur bleue éthérée, illuminant l'intérieur de la grotte d'une beauté surnaturelle. Le parc national de Lovcen est un paradis pour les amoureux de la nature avec des vues fantastiques sur les montagnes, les forêts denses et les lacs tranquilles. Le mausolée du respecté souverain et poète monténégrin Petar II Petrović Njegoš est situé dans le parc. À quelques minutes en voiture de Kotor, Perast est une charmante ville côtière chargée d'histoire. Les visiteurs peuvent admirer les belles églises côtières, se promener le long de la promenade pittoresque et profiter de l'atmosphère tranquille. Organisé chaque été, le Kotor Art Festival est une célébration vibrante de la créativité qui rassemble des artistes du monde entier pour présenter leur travail dans une variété de médias.

Il y a plusieurs clubs et bars à Kotor ouverts tard dans la nuit. Certains des clubs et bars les plus célèbres de Kotor sont :

Maximus : Si vous voulez danser toute la nuit, ce club branché est fait pour vous. Avec un DJ permanent diffusant les derniers tubes, une piste de danse spacieuse et une vue imprenable sur la baie, Maximus est sûr de profiter ton cœur bat. Il est connu pour son atmosphère exclusive qui attire un public jeune et moderne.

Baywatch Plazni Bar : Situé directement sur la plage, le Baywatch Plazni Bar est la combinaison parfaite entre détente en journée et fête nocturne. Profitez du soleil et dégustez des cocktails rafraîchissants pendant la journée, mais le soir, le bar se transforme en club animé avec de la musique live et des DJ. Elle est connue pour son atmosphère de plage relaxante et ses magnifiques couchers de soleil.

Moja Kafanica Kotor – Cette kafanica monténégrine traditionnelle est un endroit idéal pour découvrir la culture locale. Avec de la musique live presque tous les soirs, une atmosphère conviviale et de délicieux plats et boissons monténégrins, Moja Kafanica est un endroit idéal pour se détendre et socialiser avec les locaux. Il est connu pour son atmosphère authentique et ses prix abordables.

Klub Invalida : Situé au cœur de la vieille ville, le Club Invalida est un joyau caché. Ce petit bar chaleureux est un favori des locaux pour son atmosphère détendue, son personnel amical et son large choix de bières et de cocktails. Il est célèbre pour son intérieur unique et son atmosphère chaleureuse.

Kraken – Underwater Winery : Situé dans un ancien tunnel sous-marin, ce bar unique offre une expérience vraiment unique. Dégustez un verre de vin monténégrin tout en admirant le fascinant monde sous-marin vu à travers les panneaux de verre. Il est célèbre pour son magnifique cadre sous-marin et sa vaste carte des vins.

Kotor compte des centaines de restaurants vendant de tout, de la cuisine monténégrine locale à la cuisine étrangère. Parmi les restaurants les plus populaires de Kotor figurent :

Jazz Club Evergreen – Si vous recherchez quelque chose d'un peu différent, ne cherchez pas plus loin que Jazz Club Evergreen. Ce club intime propose de la musique jazz live presque tous les soirs et les musiciens talentueux vous transporteront dans un autre monde. Il est célèbre pour son ambiance jazz authentique et son cadre chaleureux.

Konoba Scala Santa – Ce restaurant est célèbre pour sa vue magnifique sur la baie de Kotor et ses délicieux plats de fruits de mer. Il est noté 4,4 étoiles sur Google Maps et est souvent recommandé par les voyageurs.

Restaurant PRŽUN : Situé dans la vieille ville de Kotor, ce restaurant est célèbre pour sa cuisine traditionnelle monténégrine. Il a une note de 4,4 étoiles sur Google Maps et est populaire auprès des locaux.

Old Town Little Bay : Également situé dans la vieille ville, ce restaurant propose une variété de plats de fruits de mer et de pâtes. Il a une note de 4,3 étoiles sur Google Maps et constitue une bonne option pour un déjeuner décontracté.

Little Bay Garden – Ce restaurant est situé juste à l'extérieur de la vieille ville dans un cadre magnifique surplombant la baie. Il a 4,1 étoiles sur Google Maps et constitue une bonne option pour un dîner romantique.

Restoran Cesarica – Ce restaurant est situé dans la

vieille ville et propose une variété de plats traditionnels monténégrins. Il a une note de 4,4 étoiles sur

Google Maps et c'est une bonne occasion de goûter à la cuisine locale.

Budva

Le charme de Budva vient de sa combinaison fascinante de trésors anciens et d'attractions modernes. La vieille ville, vieux centre de la ville et site du patrimoine mondial de l'UNESCO, présente des fortifications médiévales, un labyrinthe de rues pavées et une architecture de style vénitien. Les visiteurs peuvent visiter le château, une fortification médiévale située dans la vieille ville, offrant de superbes vues panoramiques sur la ville et la scintillante mer Adriatique.

Le patrimoine culturel de Budva est ancré dans le tissu urbain. Les musées de Budva, tels que le musée de la ville et le musée maritime, offrent un aperçu de la riche histoire et traditions maritimes de la région. L'église Sainte-Marie de Ponta est une église romane du XIIe siècle qui incarne la foi durable et le patrimoine architectural de Budva. Parmi les innombrables villes côtières pittoresques du Monténégro, Budva est la plus populaire. Pleine de bars, de restaurants et de maisons en pierre calcaire, la vieille ville est presque aussi belle que la ville voisine de Kotor. Il y a beaucoup de divertissement sur la plage et dans les bars de plage à proximité. été. La plage principale, Slovenska Plaža, s'étend à quelques kilomètres à l'est de la vieille ville et est couverte de galets, mais la plage de sable de Mogren, à l'ouest de la vieille ville, est plus jolie et attire une clientèle plus jeune. La plage

de

île inhabitée d'Agios Nikolaos, visible depuis le rivage. En été, des bateaux-taxis réguliers vous emmèneront de l'autre côté, mais il faudra marchander : les prix commencent à 5 euros. Le temps que vous passez à Budva dépend de la façon dont vous voyagez au Monténégro. Si Budva n'est qu'une étape lors d'un voyage côtier, vous pourrez explorer la vieille ville et visiter les plages voisines en quelques jours seulement. Si vous utilisez Budva comme base pour explorer les environs (île de Sveti Stefan, Bar, Kotor et péninsule de Lustica), je vous conseille d'y rester six jours. La cuisine de Budva est un mélange de plats traditionnels monténégrins et d'influences internationales. Les fruits de mer frais sont au cœur de nombreux plats, tandis que les copieux plats de viande et de fromage locaux mettent en valeur la richesse agricole de la région.

Pour découvrir l'authentique Monténégrin

cuisine, essayez des plats salés comme le "Ćevapi" (saucisse hachée grillée) ou le "Pršut" (jambon fumé).

Au crépuscule, Budva devient un centre animé de divertissement et de vie nocturne. Les bars et clubs animés de la ville regorgent de musique et de festivités pour tous les goûts et toutes les envies. Des fêtes animées sur la plage aux bars à cocktails élégants, la vie nocturne de Budva a quelque chose à offrir à tout le monde. Budva est le point de départ idéal pour explorer les magnifiques environs du Monténégro. Sveti Stefan est une île pittoresque avec un charmant complexe de villas qui attire les touristes par son charme unique et sa beauté naturelle. Classée au patrimoine mondial de l'UNESCO, Kotor est un mélange d'architecture médiévale et de superbes paysages de fjords.

L'ancienne ville de Perast, située le long de la baie de Kotor, respire la tranquillité et le charme historique. L'aéroport de Tivat (TIV) est l'aéroport le plus proche de Budva, à environ 25 kilomètres. Alternativement, le principal aéroport international du pays, l'aéroport de Podgorica (TGD), est situé à environ 65 kilomètres de Budva. Il existe des services réguliers de bus et de taxi reliant les deux aéroports à Budva.

Budva est une ville compacte qui peut être facilement explorée à pied. Des taxis et des bus sont disponibles pour les trajets plus longs. Budva est généralement une ville sûre, mais la prudence et les précautions contre les petits vols sont toujours recommandées. Budva est une destination charmante qui vous offrira à coup sûr une expérience de voyage inoubliable.

Budva compte des centaines de restaurants vendant de tout, de la cuisine monténégrine locale à la cuisine étrangère. Parmi les restaurants les plus populaires de Budva figurent :

Jadran – Ce restaurant de bord de mer emblématique est une icône de Budva. Doté d'une grande terrasse surplombant l'eau turquoise, Jadran propose une cuisine typiquement monténégrine. Savourez les plats de fruits de mer les plus frais, des calamars grillés arrosés d'huile d'olive et un délicieux risotto noir juteux. Ne manquez pas la « Soupe des pêcheurs Jadran » spéciale du restaurant, une soupe copieuse à base de poisson, de palourdes et de légumes.

Konoba Bocun : Situé dans la vieille ville, Konoba Bocun est un joyau caché. Ce charmant pub familial vous fera voyager dans le temps avec ses murs en pierre, ses bougies scintillantes et son ambiance rustique. Dégustez des plats monténégrins traditionnels tels que le « peka » (viande ou poisson frit sous un dôme en métal) et le « pršut » (jambon séché à l'air). Les pâtes faites maison arrosées d'huile d'olive locale et garnies de fruits de mer frais sont un incontournable.

Restaurant Riviera : Situé sur une falaise surplombant la mer, le restaurant Riviera offre de superbes vues panoramiques et un menu correct. Ce restaurant sophistiqué élève la cuisine monténégrine vers de nouveaux sommets. Commencez par un carpaccio de thon fondant, puis passez à un délicieux ragoût de fruits de mer ou à de juteuses côtelettes d'agneau grillées. Gardez de la place pour le délicieux gâteau au chocolat et à la lave, la fin parfaite d'un repas inoubliable.

Grape Cafe – Ce café moderne est populaire auprès des habitants et des touristes. Avec son design élégant, son atmosphère animée et son menu complet, Grape Café offre quelque chose pour tout le monde. Des salades copieuses aux hamburgers juteux en passant par les fruits de mer frais et les pizzas au feu de bois, il y en a pour tous les goûts.

Ne manquez pas le « burger au raisin », à base de bœuf local et garni de pesto maison et d'oignons caramélisés.

Restaurant thaïlandais Taste of Asia : Envie de quelque chose de différent ? Faites une pause dans les saveurs méditerranéennes et embarquez pour un voyage culinaire en Thaïlande chez Taste of Asia. Ce restaurant authentique sert des currys aromatiques, des sautés épicés et des bols de nouilles fumants. La soupe Tom Yum est une explosion de saveurs et le Pad Thai est cuit à la perfection. N'oubliez pas d'essayer le riz gluant à la mangue pour une finale douce et rafraîchissante.

Parc national du Durmitor

Situé au cœur du Monténégro, le parc national de Durmitor est une destination de vacances idéale pour les amoureux de la nature et les amateurs d'aventure. Une UNESCO

Classé au patrimoine mondial, le parc offre une variété de paysages qui font appel aux sens, ce qui en fait une destination idéale pour ceux qui recherchent une expérience passionnante. L'une des principales raisons de visiter le parc national de Durmitor est l'abondance de beautés naturelles et d'activités de plein air qu'il propose. Les sommets gracieux, les lacs glaciaires immaculés et les denses forêts de pins créent un décor pittoresque pour de nombreuses activités d'aventure. Les sentiers de randonnée à travers le parc emmènent les explorateurs intrépides vers des trésors cachés tels que le lac Noir et les gorges de la rivière Tara, la deuxième gorge la plus profonde du monde. Que vous soyez un randonneur expérimenté ou occasionnel, il existe des sentiers pour tous les niveaux d'aventuriers. En hiver, Durmitor devient un paradis hivernal qui attire les skieurs et snowboarders du monde entier. Les pistes enneigées et damées proposent des sports d'hiver.

aux passionnés une expérience pleine d'adrénaline, faisant de Durmitor une destination touristique toute l'année. Pour ceux qui recherchent une expérience tranquille, le parc offre de nombreuses possibilités d'observation des oiseaux, de photographie et de profiter du silence de la nature. Pensez à l'air frais de la montagne, au bruit relaxant du bruissement des feuilles et à une magnifique vue panoramique. La charmante ville de Žabljak est située dans le parc national du Durmitor et constitue la porte d'entrée de ce paradis naturel. Zabljak offre le mélange parfait de charme rustique et d'équipements modernes, ce qui en fait le point de départ idéal pour explorer le parc. Il existe des cafés pittoresques et des restaurants locaux servant une cuisine monténégrine dans toute la ville. Imaginez-vous en train de siroter une tasse de café préparé localement tout en profitant de la chaleureuse hospitalité monténégrine. L'atmosphère accueillante de la ville et ses gens sympathiques ajoutent un une sensation authentique à votre expérience de voyage. Zabljak était plus qu'un simple but ; C'est un objectif en soi. La ville dégage une énergie unique avec son architecture traditionnelle et ses marchés animés. Les visiteurs peuvent s'immerger dans la culture locale, interagir avec des résidents sympathiques et profiter des saveurs du Monténégro. Le parc national du Durmitor attire ceux qui recherchent un véritable contact avec la nature. C'est un sanctuaire où les paysages majestueux rencontrent la culture locale chaleureuse. Les parcs permettent aux visiteurs d'échapper à l'agitation de la vie moderne et de renouer avec l'essence de leur environnement.

Que vous soyez un aventurier avide d'activités de plein air passionnantes ou une âme avide de moments de calme, Durmitor a ce qu'il vous faut.

Le charme de Žabljak, mélange de tradition et de modernité, ajoute une couche de charme supplémentaire qui fait de votre voyage plus qu'une simple visite.

au parc national, mais une expérience complète de la riche tapisserie du Monténégro.

Au cœur du parc national de Durmitor, vous trouverez non seulement une destination, mais aussi un refuge pour les sens, un lieu où l'âme trouve du réconfort dans l'étreinte d'une nature intacte et dans l'hospitalité chaleureuse du Monténégro. Venez embarquer pour un voyage extraordinaire et découvrez la magie qui vous attend dans ce joyau des Balkans.

Cuisine locale

Des plats montagnards copieux aux spécialités de fruits de mer frais, la cuisine monténégrine offre une large gamme de saveurs et de textures alléchantes qui séduiront à coup sûr le palais de tout voyageur.

La cuisine monténégrine combine harmonieusement les influences de ses diverses histoires. Les Ottomans, les Vénitiens et les Autrichiens ont laissé leur empreinte sur les traditions culinaires locales, donnant naissance à un mélange unique de saveurs méditerranéennes et balkaniques. Cette fusion dynamique se reflète dans l'utilisation d'épices, de méthodes de cuisson et d'ingrédients familiers et exotiques. Dans les montagnes du Monténégro, les plats de viande prédominent. L'agneau, le porc et le bœuf sont généralement cuits lentement, ce qui leur confère une saveur riche et fumée. Les plats populaires incluent le "Peka" (un mélange de viande grillée et légumes cuits sous une cloche en fer) et "Pršut" (jambon cru semblable au jambon).

Les poissons et fruits de mer sont le point principal de la côte. Les poissons, poulpes et calamars fraîchement pêchés sont grillés, frits ou mijotés dans diverses sauces, mettant en valeur les fruits de mer de l'Adriatique. Le risotto crni (risotto crémeux à l'encre de seiche) et le buzara (ragoût de fruits de mer avec sauce tomate épicée) sont les favoris locaux. La cuisine monténégrine est connue pour ses plats copieux et délicieux, souvent préparés avec des ingrédients simples et frais. Des plats traditionnels tels que le « kačamak » (une bouillie de type polenta à base de farine de maïs et de fromage) et la « priganice » (raviolis frits à base de pâte de farine de maïs) reflètent les racines rurales du pays. Les circuits gastronomiques au

Monténégro constituent une partie importante de l'expérience culturelle dynamique du pays. Des chalets de montagne rustiques aux tavernes animées en bord de mer, dîner au Monténégro est un délice pour les sens. Les visiteurs peuvent déguster une cuisine locale authentique tout en profitant de l'hospitalité chaleureuse des Monténégrins.

La cuisine monténégrine reflète l'histoire ancienne et la diversité culturelle du pays. La cuisine monténégrine propose un voyage culinaire authentique et luxueux avec des plats allant des délices copieux de la montagne aux délices frais du bord de mer. Alors mettez-vous en appétit et profitez des merveilles gastronomiques du Monténégro.

Plats à essayer

Jambon Njeguski

Aucun voyage gastronomique au Monténégro n'est complet sans essayer le légendaire Njeguški pršut, jambon cru du village de Njeguši. Fumé au bois de hêtre et vieilli pendant au moins 12 mois, ce délice exquis se caractérise par un arôme unique et une riche saveur de noisette qui lui ont valu une reconnaissance internationale. Associez-le à un verre de vin local pour une expérience monténégrine authentique.

brochettes

Il n'y a pas de meilleure façon de découvrir la

culture culinaire de rue du Monténégro qu'avec le ćevapi, une délicieuse saucisse grillée à base de viande hachée, généralement du bœuf ou une combinaison de bœuf et de porc. Ces

Les délices succulents sont généralement servis sur un lepinje (pain plat de type pita) et accompagnés d'oignons hachés, de crème sure et d'ajvar (sauce aux poivrons rouges rôtis).

burek

Si vous recherchez un repas copieux et satisfaisant, ne cherchez pas plus loin que le burek. Cette délicieuse pâtisserie peut être trouvée dans tous les Balkans et est composée d'une fine pâte filo remplie d'une variété de garnitures savoureuses telles que du fromage, de la viande ou des légumes. Le Burek est une collation parfaite sur le pouce ou un déjeuner copieux.

Polenta

Faites un voyage gastronomique dans le temps en essayant le kačamak, une bouillie de maïs traditionnelle qui est un incontournable de la cuisine monténégrine depuis des siècles. Ce

Plat rustique, souvent servi avec du kajmak (un produit laitier crémeux), il incarne les traditions culinaires simples mais délicieuses du Monténégro.

Risotto noir

Les amateurs de fruits de mer adoreront le Crni rijoto, un risotto noir plein des riches saveurs de la mer Adriatique. Ce plat met en valeur l'art culinaire des chefs monténégrins qui combinent habilement fruits de mer frais, encre de seiche et épices aromatiques pour créer un chef-d'œuvre culinaire.

Palacinke

Si vous recherchez quelque chose de sucré, essayez les palačinke, de fines crêpes qui sont un dessert populaire au Monténégro. Ces crêpes polyvalentes peuvent être garnies d'une variété de garnitures sucrées ou salées, du beurre de cacahuète au

des fruits au fromage et à la viande. Une crêpe est une délicieuse fin de repas ou pour satisfaire votre gourmandise.

Paprikas (poivrons farcis)

Plongez au cœur de la cuisine maison monténégrine avec du paprika, un plat qui incarne la passion culinaire et l'hospitalité du pays. Généralement remplis d'un copieux mélange de riz, de viande hachée et de légumes, ces poivrons farcis mettent en valeur les saveurs simples mais satisfaisantes de la cuisine monténégrine.

Viande rôtie

Découvrez le summum de l'hospitalité

monténégrine avec le Pečenje, un plat de viande rôti lentement souvent servi lors d'occasions spéciales. Qu'il s'agisse d'agneau, de porc ou veau, Pečenje est un chef-d'œuvre culinaire qui met en valeur les compétences pâtissières magistrales des Monténégrins.

girice

Pour goûter à la mer, essayez le girice, un plat traditionnel monténégrin à base de petits poissons frits en bouchées. Ces délices croustillants sont souvent servis avec une simple garniture de citron et de sel, permettant aux saveurs fraîches de l'Adriatique de briller.

strukli

Embarquez pour une aventure culinaire à travers le temps avec le Štrukli, un cheesecake traditionnel qui est un incontournable de la cuisine monténégrine depuis des siècles. Ce plat rustique, souvent servi avec de la crème sure ou du yaourt, reflète les traditions culinaires humbles mais délicieuses du Monténégro.

Restaurants populaires

Certains des restaurants les plus populaires au Monténégro sont :

Restaurant Galion : Situé dans la vieille ville de Kotor, ce restaurant est célèbre pour ses fruits de mer. Le restaurant dispose d'une belle terrasse avec vue sur la baie.

Konoba Portun – Ce restaurant est situé à Dobrota, une petite ville près de Kotor. Le restaurant est célèbre pour son poisson frais et ses plats traditionnels monténégrins.

Restaurant PRŽUN : Ce restaurant de Kotor est célèbre pour ses viandes grillées et sa cuisine traditionnelle monténégrine. Le restaurant dispose d'un beau jardin.

Restaurant Conte : Situé dans la vieille ville de Kotor, ce restaurant est connu pour son expérience culinaire. Le restaurant propose une variété de plats méditerranéens.

Restaurant Stari Mlini : Situé à Kotor, ce restaurant est célèbre pour ses fruits de mer frais. Le restaurant bénéficie d'un emplacement fantastique au bord de l'eau.

Restaurant Xian : Situé à Budva, ce restaurant est célèbre pour sa cuisine chinoise. Le restaurant sert une variété de plats chinois, notamment des dim sum et des nouilles.

Restaurant Jadran : Situé à Budva, ce restaurant est célèbre pour ses fruits de mer. Le restaurant bénéficie d'un emplacement fantastique au bord de l'eau.

Pizzeria Doppio Zero – Ce restaurant est situé à Budva et est célèbre pour sa pizza. Le restaurant

Propose une variété de pizzas, y compris des options végétariennes et végétaliennes.

Restaurant Kuzina : Situé à Budva, ce restaurant est célèbre pour sa cuisine monténégrine. Le restaurant propose une variété de plats monténégrins, tels que le njeguši et le prosciutto.

Splendido : Splendido est situé en haut d'une falaise près de San Stefano, avec une vue imprenable sur la côte environnante. Son menu se concentre sur la cuisine méditerranéenne, notamment les fruits de mer frais.

Konoba Fumi : Konoba Fumi est un restaurant de fruits de mer à la gestion familiale situé dans le village pittoresque de Perast. Leur menu met en valeur les fruits de mer frais de l'Adriatique préparés selon les méthodes traditionnelles monténégrines.

Festivals et événements

Carnaval d'hiver de Kotor – Ce carnaval traditionnel a lieu à Kotor en février et comprend des masques, des défilés et d'autres festivités.

Fête de la Saint Tryphon : Cette fête religieuse est célébrée le 14 février à Kotor en Herzégovine. Ce jour-là, des processions, des cérémonies religieuses et des repas traditionnels ont lieu.

Festival du Mimosa – Ce festival a lieu à Herceg Novi en mars et célèbre les fleurs de mimosa qui fleurissent dans la région à cette période de l'année. Le festival propose des défilés, de la musique et de la danse.

Semaine Sainte : Pâques est une fête importante au

Monténégro, célébrée dans le cadre de rituels et de festivités traditionnels. Fasinada : Cette fête traditionnelle a aura lieu le 22 juillet à Perast. Il commémore le naufrage de deux navires turcs dans la baie de Kotor au XVIIe siècle.

Jour de l'Indépendance : Le Jour de l'Indépendance est célébré les 21 et 22 mai. Il marque l'indépendance du Monténégro de la Serbie en 2006. Lake Fest – Ce festival de musique a lieu à Nikšić en août et présente une variété de genres musicaux.

Sea Dance Festival – Ce festival de musique électronique a lieu à Budva en août et présente certains des plus grands noms du secteur. Festival des arts de Kotor – Ce festival des arts a lieu à Kotor en juillet et août et propose une variété de spectacles, notamment de musique, de théâtre et de danse.

Festival du camélia : Ce festival a lieu à Herceg Novi en octobre et célèbre le camélias qui fleurissent dans la région à cette période de l'année. Le festival propose des défilés, de la musique et de la danse.

Festival du film sous-marin – Ce festival du film a lieu à Kotor en octobre et présente des films sur la vie sous-marine. Festival international de la mode de Kotor – Ce festival de mode a lieu à Kotor en octobre et présente des créateurs du Monténégro et du monde entier.

Arts et artisanats traditionnels

La sculpture sur bois occupe une place particulière dans l'artisanat monténégrin aux traditions séculaires. Des artisans experts transforment des bois indigènes tels que le noyer, le chêne et le mûrier en magnifiques pièces qui ornent les maisons, les églises et les musées. Des motifs géométriques complexes, des représentations stylisées de la flore et de la faune et des scènes du folklore monténégrin prennent vie entre les mains de ces talentueux sculpteurs sur bois.

Recherchez des ateliers célèbres comme l'atelier de sculpture sur bois Riznica à Nikšić ou l'atelier de la famille Radović à Žabljak pour témoigner de la maîtrise de cet artisanat traditionnel. Regardez les artisans sélectionner soigneusement le bois, couper et polir avec précision leurs créations. Vous pourriez même envisager d'acheter un objet unique à rapporter à la maison comme souvenir précieux de votre voyage à

Monténégro. L'art textile est profondément enraciné dans la culture monténégrine depuis des générations et les femmes jouent traditionnellement le rôle de tisserandes. En utilisant de la laine, du lin et du coton d'origine locale, ils créent une symphonie de couleurs et de motifs qui ornent les vêtements, tapis et tapisseries traditionnels. Plongez dans le monde dynamique du tissage monténégrin et visitez la coopérative de tissage des femmes à Njeguš. Observez les mouvements rythmiques de la tisserande alors qu'elle manipule habilement le fil et le transforme en motifs complexes. Investissez même dans une écharpe tissée à la main ou un tapis aux jolis motifs pour ajouter un charme monténégrin à votre maison. Les bijoux en filigrane témoignent du savoir-faire et du talent artistique des artisans monténégrins avec leur dentelle complexe réalisée avec de fins fils métalliques. Utiliser des techniques traditionnelles transmises de génération en   génération

génération, ils façonnent et tordent soigneusement de fins fils d'or et d'argent pour créer des ornements exquis.

Explorez les ateliers de Cetinje et découvrez par vous-même la beauté des bijoux en filigrane. Admirez comment les artisans tissent des fils délicats pour créer des boucles d'oreilles, des colliers et des bracelets qui incarnent une élégance intemporelle. Achetez des pièces uniques pour préserver et célébrer l'artisanat monténégrin. La peinture d'icônes revêt une grande importance dans la culture monténégrine, dont la tradition remonte à l'époque byzantine. Les peintres d'icônes qualifiés adhéraient strictement aux techniques traditionnelles, utilisant des pigments naturels et de la détrempe pour créer des images sacrées qui décoraient les églises et les monastères. Visitez le monastère d'Ostrog, niché parmi les superbes falaises des montagnes Bjelopavlići, pour découvrir l'art de la peinture d'icônes. Regardez les moines travailler avec concentration et précision pour

Créez de superbes idoles. Vous pouvez même acheter une petite icône comme souvenir spirituel. Les arts et l'artisanat traditionnels ne sont pas seulement des vestiges du passé du Monténégro ; Ils continuent de prospérer et de se développer, reflétant la vitalité culturelle du pays. De nombreux festivals et ateliers présentent un large éventail d'expressions artistiques et offrent l'occasion d'interagir avec les artisans et d'en apprendre davantage sur leur métier.

Participez à la foire artisanale annuelle d'Ulcinj, où des artisans de tout le pays se réunissent pour montrer leur travail. Profitez de l'atmosphère animée et découvrez une variété de trésors artisanaux, des boîtes en bois finement sculptées aux délicats bijoux en filigrane.

L'intégration des arts et de l'artisanat traditionnels

dans votre expérience de voyage au Monténégro

enrichira votre

connaissance du patrimoine culturel du pays. Visitez des musées tels que le musée ethnographique de Cetinje ou le musée national du Monténégro à Podgorica pour admirer des collections d'objets traditionnels.

Interagissez avec des artisans locaux dans leurs ateliers, observez leurs techniques et découvrez l'histoire et le sens de leur métier. Créez des souvenirs impérissables de votre voyage avec des souvenirs faits à la main qui reflètent la beauté et le talent artistique du Monténégro.

Les arts et l'artisanat traditionnels du Monténégro offrent un aperçu du riche patrimoine culturel du pays. En explorant la diversité des paysages et les villes animées, prenez le temps d'apprécier l'art et le savoir-faire derrière ces magnifiques créations. Travaillez avec des artisans locaux, achetez des souvenirs uniques et plongez-vous

Entrée dans le patrimoine vivant de l'artisanat monténégrin.

Aventures en plein air

Randonnée et Trekking

La randonnée est un excellent moyen d'explorer la beauté naturelle du Monténégro. Il existe des sentiers pour tous les niveaux, des randonnées courtes et faciles aux aventures stimulantes de plusieurs jours. Les sentiers de randonnée les plus populaires au Monténégro comprennent :

Vieille ville de Kotor – Ce sentier mène au sommet des remparts de la ville de Kotor, offrant une vue magnifique sur la baie de Kotor.

Parc national Prokletije – Ce parc abrite certaines des montagnes les plus difficiles du Monténégro.

Vous avez le choix entre plusieurs itinéraires, notamment celui qui mène au sommet du parc Jezerce.

Parc national : Ce parc est un endroit où l'on aime la plus haute montagne du mont Heishan. Il existe de nombreux chemins parmi lesquels choisir, dont celui qui mène au tombeau de Njego, le dernier empereur du Monténégro.

Parc national de Durmitor – Ce parc possède certains des paysages les plus époustouflants du Monténégro, notamment le lac Noir et les gorges de la rivière Tara. Il existe une variété d'itinéraires disponibles, des randonnées courtes aux randonnées plus intenses.

Parc national Bogler : Ce parc abrite la plus grande forêt vierge d'Europe. Plusieurs itinéraires sont proposés, dont un qui mène au sommet du mont Belasica, le plus haut sommet du parc.

La randonnée est un sport plus difficile que la

randonnée, il est donc important de se préparer au stress qui l'accompagne.

sur les sentiers. Le trek peut durer plusieurs jours et nécessite une autosuffisance en nourriture, en boisson et en hébergement.

Les sentiers de randonnée les plus populaires au Monténégro comprennent :

Via Dinarica – Ce sentier longue distance relie l'Albanie et la Slovénie et traverse certains des terrains les plus spectaculaires du Monténégro. Pics des Balkans : Cette ascension épuisante vous mènera à plusieurs des plus hauts sommets des Balkans, dont le mont Bobotov Kuk, le plus haut sommet du Monténégro.

Boucle Prokletije – Cet itinéraire traverse le parc national Prokletije et offre une vue magnifique sur les montagnes et les vallées. Les saisons idéales pour faire de la randonnée au Monténégro sont le printemps (avril à juin) et l'automne (septembre à octobre). Durant ces mois, la température est modérée et il y a moins de monde.

Activités aquatiques

Le Monténégro est un petit pays doté d'un long littoral, ce qui en fait une destination prisée des amateurs de sports nautiques. De la baignade et des bains de soleil au kayak et au rafting, les mers monténégrines ont quelque chose à offrir à tout le monde. La côte Adriatique du Monténégro abrite certaines des plus belles plages du monde. L'eau est claire et la plage relativement vide, parfaite pour une baignade tranquille. Certaines des meilleures plages de baignade du Monténégro sont :

Plage de Jaz – Cette longue plage de sable de Budva est populaire auprès des habitants et des touristes.

Plage de Mogren – Cette plage isolée près de Sveti Stefan est célèbre pour ses eaux cristallines. sveti

Stefan : Cette petite île se trouve au large de Budva et possède de belles plages.

Les plages du Monténégro sont idéales pour bronzer. Le soleil brille la majeure partie de l'année et les plages sont relativement vides, il est donc facile de trouver un endroit pour se détendre et bronzer.

Il existe de nombreux bons spots de kayak le long de la côte de la Montagne Noire. Les kayakistes peuvent explorer des criques cachées, des plages isolées et même des grottes. Les meilleurs endroits pour faire du canoë au Monténégro sont :

Boka Kotorska – Ce fjord est inscrit au patrimoine mondial de l'UNESCO et possède plusieurs belles routes de kayak. Lac Shkadar – Ce grand lac abrite une variété d'espèces d'oiseaux et constitue un endroit idéal pour une excursion tranquille en kayak.

Rivière Morak – Cette rivière au débit rapide est idéale pour les canoéistes expérimentés. Le Monténégro abrite de nombreuses rivières paresseuses fascinantes. Les libellules peuvent subir le stress des courants de classe II, III et IV. Les meilleures rivières pour le rafting au Monténégro sont :

Rivière Tara – Cette rivière est la plus longue rivière du Monténégro et est inscrite au patrimoine mondial de l'UNESCO.

Rivière Lin : Cette rivière est célèbre pour ses magnifiques paysages et ses rapides de classe II et III. Rivière Viriga : Abritant des rapides de classe II, cette rivière est un endroit idéal pour les débutants.

En plus des activités mentionnées ci-dessus, il

existe de nombreuses autres activités nautiques au Monténégro. Ceux-ci inclus:

Snorkeling et plongée sous-marine : le monde sous-marin du Monténégro abrite une grande variété de vie marine, notamment des poissons, des récifs coralliens et des escargots.

Voile : La côte du Monténégro est idéale pour la voile. Il existe une variété de locations de bateaux et une variété de croisières qui emmènent les visiteurs dans différentes parties de la côte.

Pêche : Les eaux monténégrines sont riches en une variété de poissons, comme le thon, le bar et le vivaneau. La pêche est une activité populaire au Monténégro et de nombreuses chartes de pêche sont disponibles.

Skier en montagne

Les stations de ski du Monténégro sont un joyau caché, souvent éclipsé par les stations de ski européennes les plus célèbres. Il existe plusieurs centres de ski dans le pays. Le plus célèbre d'entre eux est Kolasin, caché dans les partie nord du pays. Comparées aux pistes de ski bondées d'autres destinations européennes, les stations de ski monténégrines sont relativement sombres et offrent une expérience de montagne plus intime et authentique. Imaginez-vous glisser sur des pentes enneigées entourées de sommets majestueux. Les stations de ski monténégrines offrent de superbes vues panoramiques et des paysages enneigés immaculés, créant un décor pittoresque pour des aventures de ski inoubliables. La beauté naturelle immaculée ajoute un charme supplémentaire à l'expérience de ski, ce qui en fait un régal visuel pour les amoureux de la nature.

Black Mountain convient aux skieurs de tous niveaux, des débutants aux experts chevronnés. Le domaine skiable dispose de plusieurs pistes différentes offrant à la fois du ski récréatif et du ski alpin exigeant. Si vous êtes débutant et souhaitez apprendre le

Skieur débutant ou expérimenté à la recherche d'une montée d'adrénaline, les stations de ski du Monténégro ont quelque chose pour tout le monde. Contrairement aux stations de ski plus commerciales, le Monténégro offre une combinaison unique d'aventure et d'immersion culturelle. Après une journée sur les pistes, les visiteurs peuvent explorer de charmants villages de montagne, goûter à la cuisine locale et interagir avec des Monténégrins chaleureux et accueillants. Cette riche culture ajoute une couche d'authenticité à l'expérience globale du ski.

Le Monténégro se présente comme une alternative abordable à certaines des destinations de ski les plus chères d'Europe. De l'hébergement aux billets de remontées mécaniques et aux repas, le coût total des vacances au ski au Monténégro est généralement plus abordable. De plus, la taille relativement petite du pays permet d'accéder facilement à plusieurs domaines skiables dans un rayon de

Distance de déplacement courte, permettant un séjour au ski varié et dynamique. Bien que le Monténégro soit connu pour son charme estival, le paysage hivernal du pays en fait une destination touristique toute l'année. Les amateurs de ski peuvent profiter du meilleur des deux mondes, en combinant les sports d'hiver avec les merveilles culturelles et naturelles que le Monténégro a à offrir pendant les mois les plus froids. Les montagnes monténégrines offrent une expérience de ski unique et authentique qui les distingue des destinations traditionnelles. La combinaison de paysages époustouflants, de domaines skiables diversifiés, d'une culture riche, de prix abordables et d'un attrait tout au long de l'année font du ski Black Mountain une option attrayante pour tout voyageur à la recherche d'une aventure extraordinaire. Alors enfilez vos bottes, respirez l'air pur de la montagne et embarquez pour un voyage de ski inoubliable au cœur des merveilles hivernales du Monténégro.

Sites historiques et culturels

Traité d'Ostrog

Situé dans la magnifique campagne monténégrine, le monastère d'Ostrog est un phare de foi et de patrimoine culturel. Perché de manière précaire sur une falaise verticale, ce monastère orthodoxe serbe fascine les visiteurs depuis des siècles par son architecture unique et sa signification spirituelle. Rejoignez-nous pour un voyage à travers la riche histoire, l'architecture charmante et les détails pratiques pour planifier votre visite vers cette destination extraordinaire.

L'histoire du monastère d'Ostrog est étroitement liée à la vie de saint Basile d'Ostrog, figure vénérée de la tradition orthodoxe serbe. Saint Basile est né en Herzégovine à la fin du XVIe siècle.

et a consacré sa vie à l'éveil spirituel et à la pratique ascétique. En quête de solitude, il se retira dans une grotte des falaises d'Ostrog, où il fonda un monastère au XVIIe siècle. La foi inébranlable et les miracles de saint Basile attiraient des pèlerins du monde entier et le monastère prospéra sous sa direction.

Le monastère d'Ostrog est creusé dans une paroi rocheuse massive, défiant la gravité et les conventions architecturales. Le temple se compose de deux niveaux : le temple supérieur est au sommet du rocher et le temple inférieur est au pied du rocher. Le cloître supérieur, auquel on accède par un chemin étroit, abrite les reliques de Saint Basile et est considéré comme la partie la plus sacrée du complexe. L'abbaye inférieure, avec son église ornée et sa cour tranquille, constitue l'entrée principale et le centre administratif.

Le monastère d'Ostrog est un trésor caché d'histoire, d'architecture et de spiritualité qui offre aux visiteurs du Monténégro une expérience unique et inoubliable. Que vous recherchiez l'illumination spirituelle, l'immersion culturelle ou simplement des paysages époustouflants, le monastère d'Ostrog est un hommage au pouvoir durable de la foi et à la beauté de la créativité humaine.

Parc national de Lovćen

Situé au cœur du Monténégro, le parc national de Lovcen est un paradis pour les amoureux de la nature, les passionnés d'histoire et les voyageurs en quête d'une retraite paisible. Connue pour ses superbes vues panoramiques sur la côte Adriatique et les montagnes environnantes, Lovčín offre une combinaison unique de patrimoine culturel, de merveilles naturelles et d'aventures en plein air. Si vous êtes un grand voyageur, un explorateur curieux ou simplement à la recherche

Pour un moment de paix, le parc national de Lovcen peut enchanter n'importe quel voyageur.

Lovcen signifie « lion » en monténégrin et est depuis longtemps vénéré comme un symbole de l'identité nationale monténégrine. Son sommet majestueux, Jezerski Vrh (Pic du Lac), témoigne de la résilience et de l'esprit durable du pays. La montagne a joué un rôle important dans l'histoire du Monténégro, servant de refuge aux combattants de la liberté pendant la domination ottomane et inspirant les poètes et les écrivains par sa beauté majestueuse. À Jezerski Vrh, les touristes peuvent visiter le mausolée de Petar Petrovic Njegos, le dernier souverain de la dynastie Petrovic. Negos, poète et philosophe respecté, souhaitait être enterré dans une chapelle au sommet de la colline de Lovcen surplombant son pays bien-aimé. Le mausolée, construit sur un piédestal creusé dans la montagne elle-même, est un souvenir poignant de l'époque de Njegos.

l'héritage et le lien profond entre Lovcen et l'identité nationale monténégrine.

Le parc national de Lovcen abrite un écosystème riche et diversifié, allant de forêts denses et de prairies verdoyantes à des paysages karstiques spectaculaires et à des lacs de montagne tranquilles. Le terrain varié du parc offre de nombreuses possibilités de marche, de randonnée et de vélo, permettant aux visiteurs de s'immerger dans la beauté de la nature sauvage des Black Hills.

Le parc national de Lovcen est sillonné de sentiers de randonnée adaptés à tous les niveaux d'expérience. Pour une randonnée difficile mais enrichissante, dirigez-vous vers le sentier de randonnée Kotor-Lovćen, qui s'étend des rives de la baie de Kotor jusqu'au sommet de Jezerski Vrh. Pour une randonnée plus calme, explorez les pentes douces du sentier Njegoš et profitez d'une vue imprenable sur les champ environnant. Les pistes cyclables bien développées du parc national de Lovcen offrent une perspective unique sur la diversité du paysage du parc. Les cyclistes expérimentés peuvent affronter la difficile montée jusqu'au mausolée, tandis que les cyclistes occasionnels peuvent profiter de la route panoramique à travers les forêts et les prairies du parc. En plus des merveilles naturelles, le parc national de Lovcen offre un aperçu du riche patrimoine culturel du Monténégro. Les visiteurs peuvent en apprendre davantage sur l'histoire de la région en visitant le musée Njegoš, situé dans l'ancien monastère de Cetinje. Pour découvrir la cuisine monténégrine authentique, dégustez des plats traditionnels dans les restaurants locaux ou profitez d'un pique-nique dans le cadre calme du parc.

Le parc national de Lovcen est facilement accessible en voiture depuis les villes voisines. Des options de transports en commun sont également disponibles, bien que moins courantes. Parc national de Lovćen

On peut le visiter toute l'année, mais les saisons les plus agréables sont le printemps et l'automne, lorsque le climat est doux et le paysage pittoresque.

Cetinje - Capital Réel

Cetinje est situé dans le paysage pittoresque du Monténégro, qui témoigne de la riche histoire et de la culture dynamique du pays. Capitale royale depuis plus de cinq siècles, Cetinje dégage une aura de grandeur et de charme, captivant les visiteurs par son mélange fascinant de merveilles architecturales, de monuments historiques et de trésors culturels. L'importance historique de Cetinje remonte au XVe siècle, lorsque Ivan Krnojevic, souverain de Zeta, y établit sa résidence. La ville est rapidement devenue le centre politique et spirituel du Monténégro, attirant scientifiques, artistes et personnalités religieuses. Cetinje a subi d'innombrables batailles et invasions au fil des siècles, mais a conservé son caractère et son identité uniques. Le patrimoine culturel de Cetinje est aussi riche que son histoire. La ville abrite de nombreux musées, bibliothèques et galeries d'art qui mettent en valeur le patrimoine artistique et intellectuel du pays. Les visiteurs peuvent se plonger dans le monde fascinant de la littérature monténégrine au musée Negos, explorer le riche patrimoine du pays au musée de Cetinje ou admirer la belle collection d'icônes au monastère de Cetinje. La beauté naturelle de Cetinje est aussi enchanteresse que ses trésors culturels. Entourée de hautes montagnes et de vallées verdoyantes, la ville offre une évasion paisible loin de l'agitation de la vie quotidienne. Les visiteurs peuvent se promener dans la campagne environnante,   explorer

des cascades cachées, ou simplement vous détendre dans l'un des nombreux parcs et jardins de la ville.

Pour apprécier pleinement ce que Tignes a à offrir, il est important de bien planifier votre voyage. Monastère de Cetinje – Ce monastère du XVe siècle est le cœur et l'âme de Cetinje et abrite Saint Pēteris de Cetinje, une figure respectée de l'histoire du Monténégro.

Billard : Billiards, ancienne résidence de Petar II Petrović Njegoš, est aujourd'hui un musée présentant la vie et l'œuvre de cet influent dirigeant monténégrin. Musée du roi Nicolas – Ce musée offre un aperçu de la vie du roi Nicolas Ier, le dernier monarque monténégrin. Parc national de Lovćen : Situé juste à l'extérieur de Cetinje, ce parc national offre une vue imprenable sur les montagnes environnantes.

et la mer Adriatique. Cetinje est une destination charmante qui laissera une marque indélébile dans vos souvenirs de voyage. Avec sa riche histoire, sa culture dynamique et sa beauté naturelle époustouflante, Cetinje offre une expérience passionnante au cœur et dans l'âme du Monténégro.

Sites archéologiques

Les ruines de Duklja sont situées dans un endroit fantastique au milieu de la verdure luxuriante de la partie centrale du Monténégro. Cette ville antique était la capitale du royaume illyrien de Docria, qui prospéra à partir du IVe siècle avant JC. Au VIe siècle après J.-C., les impressionnantes fortifications, l'amphithéâtre et les thermes romains du site témoignent de sa grandeur et de son importance dans le monde antique.

Risan, charmante ville côtière de la baie de Kotor, abrite certaines des ruines romaines les plus importantes du Monténégro. La mosaïque romaine remonte au IIe siècle après JC. et est un chef-d'œuvre d'artisanat représentant des scènes de la mythologie grecque. Les ruines d'une villa romaine et des thermes romains révèlent en outre le passé prospère de la ville. La forteresse de Gemozur se dresse majestueusement au-dessus des eaux du lac Skadar et témoigne de l'ingéniosité et de la défense médiévales. La forteresse a été construite au 14ème siècle comme forteresse stratégique pour se défendre contre les attaques ottomanes sous la domination vénitienne. Les majestueuses murailles et tours du fort sont partiellement immergées dans le lac, offrant une vue imprenable.

Le paysage monténégrin est parsemé de

magnifiques monastères médiévaux, chacun riche en signification spirituelle et historique. Taillé dans la roche

Surplombant la rivière Zeta, le monastère d'Ostrog est un lieu de pèlerinage pour les chrétiens orthodoxes du monde entier. Le monastère de Morak est situé dans une vallée calme et possède de belles fresques et une architecture byzantine. Ces monastères donnent un aperçu de l'héritage religieux du pays et du pouvoir durable de la foi.

Plongez dans les grottes de la Montagne Noire et découvrez les vestiges d'établissements humains préhistoriques. La grotte Crvena Stijena, près de Nikšić, contient des objets paléolithiques datant de plus de 40 000 ans, fournissant des informations sur les premiers habitants de la région. La grotte de Rijeka Crnojevića, près de Podgorica, révèle des traces de vie humaine du néolithique au Moyen Âge.

Guide d'achat

Le shopping au Monténégro est une expérience charmante et unique qui allie le charme traditionnel aux commodités modernes. Le Monténégro offre une variété d'options de shopping pour les habitants et les touristes, des marchés animés aux centres commerciaux branchés. Vous trouverez ici un guide d'achat complet pour vous aider à tirer le meilleur parti de votre shopping au Monténégro :

Marché traditionnel:

Marché de la vieille ville de Kotor : situé au cœur de la vieille ville de Kotor, classée au patrimoine mondial de l'UNESCO, il est parfait pour ceux qui souhaitent découvrir les produits locaux monténégrins. Vous trouverez de l'artisanat, des souvenirs, de la nourriture locale et des produits traditionnels monténégrins.

Marché fermier de Podgorica – Le marché de la capitale est un lieu animé pour acheter des produits frais, des fromages locaux, des charcuteries et des produits artisanaux. C'est un endroit idéal pour profiter de la vie quotidienne au Monténégro. Marché aux pins de Tivat – Situé dans la ville côtière de Tivat, ce marché est célèbre pour ses fruits de mer frais, ses fruits et ses légumes. C'est un endroit idéal pour s'immerger dans la culture locale et déguster les meilleurs produits du Monténégro. Souvenirs uniques :

Filigrane : Le Monténégro est célèbre pour ses bijoux en filigrane. Le filiran est une technique traditionnelle de fabrication de bijoux qui produit des bijoux complexes en or et en argent. Trouvez des boucles d'oreilles, des pendentifs et des bracelets en filigrane pour des souvenirs uniques.

Des choses inspirées par la mer : le Monténégro possède un littoral magnifique et une forte culture maritime. Dans les villes côtières comme Budva et Herceg Novi, vous pouvez trouver une variété de souvenirs liés à la mer, tels que des maquettes de bateaux, des t-shirts de marin et des œuvres d'art d'inspiration maritime.

Tapis tissés à la main : Le Monténégro a une riche tradition de tissage de tapis. Les tapis authentiques tissés à la main et les moquettes aux motifs et designs traditionnels constituent des cadeaux uniques et significatifs.

Produits locaux:

Huile d'olive : Le Monténégro produit de l'huile d'olive de haute qualité et vous pouvez trouver une variété de produits produits localement.

Huiles d'olive sur les marchés et magasins spécialisés. Découvrez l'huile d'olive extra vierge comme un produit monténégrin délicieux et authentique.

Vin et Rakia : Le Monténégro possède une industrie viticole en pleine croissance et vous pouvez explorer les vignobles locaux ou acheter du vin au caviste. Le Rakia est une eau-de-vie de fruits traditionnelle et une boisson locale populaire.

Produits à base de plantes : diverses plantes monténégrines sont utilisées pour produire des infusions, des huiles essentielles et des produits naturels de soins de la peau. Recherchez des produits à base de lavande, de sauge et de romarin.

Centre commercial moderne :

Delta City, Podgorica : Delta City à Podgorica est l'un des plus grands centres commerciaux du Monténégro et présente des marques locales et internationales. C'est une destination unique pour la mode, l'électronique et le divertissement.

TQ Plaza, Budva : Situé dans le centre de Budva, TQ Plaza est un centre commercial moderne proposant une variété de boutiques, de cafés et de restaurants. C'est l'endroit idéal pour s'offrir une séance de shopping et profiter de la vue sur la mer Adriatique.

Étiquette d'achat :

Marchandage : Bien que le marchandage ne soit pas aussi courant au Monténégro que dans d'autres pays, vous pouvez l'essayer.

Votre main pour faire des bonnes affaires, en particulier sur les marchés. La courtoisie est la clé et être amical peut conduire à des réductions.

Espèces et cartes : Les cartes de crédit sont largement acceptées dans les grandes villes et les zones touristiques. Cependant, il est recommandé d'avoir sur soi de l'argent liquide, en particulier dans les petites villes et sur les marchés.

Horaires d'ouverture : La plupart des magasins au Monténégro ouvrent vers 9h00 et ferment vers 20h00, les petits magasins fermant en début d'après-midi. La scène commerçante du Monténégro est la combinaison parfaite de tradition et de modernité, ce qui en fait une partie agréable de toute visite. Que vous recherchiez de l'artisanat traditionnel,

Spécialités locales ou marques internationales, le Monténégro a quelque chose pour tous les acheteurs.

Itinéraire de 7 jours pour un passionné de plein air et d'aventure

Jour 1 : Arrivée à Kotor

Matin : Arrivée à Kotor et enregistrement à l'hébergement. Explorez le site du patrimoine mondial de l'UNESCO de la vieille ville de Kotor avec ses rues étroites et son architecture médiévale. Montez au sommet des remparts de la ville pour une vue panoramique sur la baie de Kotor.

Après-midi : Profitez d'un déjeuner tranquille dans l'un des restaurants locaux. Faites une excursion en bateau jusqu'à Notre-Dame des Rochers, une île artificielle dotée d'une église et d'un musée.

Soirée : Profitez d'un dîner relaxant au restaurant de la plage.

Jour 2 : Randonnée dans le parc national de Lovcen

Matin : Départ vers le parc national de Lovcen. Marchez jusqu'au sommet de la colline Lovćen et admirez le magnifique paysage environnant. Après-midi : Explorez le mausolée Njego au sommet de la colline.

Profitez d'un pique-nique en pleine nature.

Soirée : Retour à Kotor pour un dîner bien mérité.

Jour 3 : Rafting sur la rivière Tara

Matin : Dirigez-vous vers les gorges de la rivière Tara, l'une des gorges les plus profondes d'Europe. Embarquez pour une aventure passionnante de rafting sur la rivière Tara.

Après-midi : Déjeuner au bord de la rivière. Détendez-vous ou explorez votre environnement.

Nuitée : Campez au bord de la rivière ou retournez à votre hébergement.

Jour 4 : Longez la côte jusqu'à Budva

Matin : Continuez le long de la fantastique route côtière en direction de Budva.

Arrêtez-vous pour nager sur de belles plages le long du chemin.

Après-midi : Explorez la charmante vieille ville de Budva.

Détendez-vous sur la plage ou essayez les sports nautiques.

Soirée : Dînez dans un restaurant de poisson.

Cinquième jour : kayak panoramique dans la baie de Kotor

Matin : Faites une visite guidée en kayak de la baie de Kotor. Explorez des criques, des grottes et des îlots cachés.

Après-midi : savourez un déjeuner de fruits de mer au restaurant de la plage. Visitez la Grotte Bleue pour une expérience de baignade unique.

Soirée : Détendez-vous dans votre hébergement ou explorez la vie nocturne de Kotor.

Sixième jour : aventure dans le parc national de Durmitor

Matin : Départ vers le parc national du Durmitor. Vous pouvez choisir entre la tyrolienne, la randonnée ou l'équitation.

Après-midi : Visitez le Lac Noir et profitez d'un pique-nique au milieu de superbes paysages de montagne.

Nuit : Retournez à Kotor ou passez la nuit à Žabljak, la porte d'entrée de Durmitor.

Jour 7 : San Esteban et départ

Matin : Visitez l'île emblématique de Sveti Stefan et ses plages de sable rose. Nagez ou détendez-vous sur la plage.

Après-midi : Profitez d'un déjeuner d'adieu dans un restaurant en bord de mer.

Soirée : Quittez le Monténégro avec des souvenirs inoubliables.

L'itinéraire est la combinaison parfaite d'aventure en plein air, d'exploration culturelle et de détente dans la magnifique nature du Monténégro. Peut être personnalisé en fonction des préférences personnelles et des dates de voyage.

Itinéraire de voyage en famille de 7 jours

Le Monténégro est un fantastique pays des Balkans avec des montagnes majestueuses, une côte Adriatique étincelante et de charmantes villes médiévales. C'est la destination idéale pour des vacances en famille, avec quelque chose pour tout le monde : histoire et culture, aventures en plein air et belles plages. Voici une suggestion d'itinéraire pour des vacances en famille parfaites de 7 jours au Monténégro :

Jour 1 : Arrivée à Kotor

Matin : Arrivée à Kotor et enregistrement à l'hébergement.

Après-midi : Explorez le site du patrimoine mondial

de l'UNESCO de la vieille ville de Kotor. Visitez des endroits comme

Cathédrale Saint-Tryphon et escaladez les murs de la ville pour une vue panoramique.

Soirée : Dînez dans un restaurant local dans les charmantes rues étroites.

Jour 2 : Excursion en bateau vers Perast et la baie de Kotor

Matin : croisière vers la charmante Perast pour visiter l'emblématique Virgin Rock Island et explorer la ville.

Après-midi : faites une promenade tranquille en bateau autour de la baie de Kotor, en admirant les paysages époustouflants et en vous arrêtant dans des villages pittoresques. Soirée : Retour à Kotor pour le dîner et une soirée détente.

Jour 3 : Budva et Sweeti Stefan

Matin : Départ vers la ville côtière de Budva. Explorez la vieille ville, visitez le château et détendez-vous sur la plage.

Après-midi : Faites un court trajet en voiture ou en bateau jusqu'à la luxueuse île de Sveti Stefan. Promenez-vous autour de l'île et profitez de la plage.

Soirée : Retournez à Budva pour le dîner et explorez la vie nocturne animée.

Jour 4 : Parc national de Cetinje et Lovcen

Matin : Visite de la ville historique de Cetinje, ancienne capitale du Monténégro. Explorez les musées et les sites culturels. L'après-midi : transfert au parc national de Lovcen. Faites une randonnée jusqu'au sommet du mont Lovcen pour une vue imprenable sur la mer Adriatique et la baie de

Kotor. Après-midi : Retour à Kotor ou passez la nuit à Cetinje pour une soirée plus relaxante.

Jour 5 : Lac Shkadar

Le matin : Départ vers le lac Shkodra, le plus grand lac de la péninsule balkanique. Faites une promenade en bateau à travers des paysages pittoresques et visitez de charmants villages de pêcheurs.

Après-midi : Déjeunez au bord du lac et nagez ou observez les oiseaux si le temps le permet. Après-midi : Retour à Kotor ou séjour au bord du lac pour une nuit tranquille.

Jour 6 : Monastère d'Ostrog

Matin : Faites une excursion d'une journée au monastère d'Ostrog, une magnifique structure construite dans la roche. Explorez le monastère et profitez du cadre paisible.

Après-midi : Visitez une ville voisine ou profitez d'un pique-nique dans la nature. Après-midi : Retour à la base pour une nuit reposante.

Jour 7 : Détente et Départ

Matin : Passez une matinée tranquille à explorer les marchés locaux ou à vous détendre sur la plage. Après-midi : Selon votre heure de départ, vous pourrez faire quelques achats de dernière minute ou vous détendre.

Après-midi : Quittez le Monténégro avec d'agréables souvenirs de vacances en famille.

Itinéraire romantique/lune de miel

Préparez-vous à retomber amoureux, cette fois de l'incroyable beauté du Monténégro ! Cet itinéraire de 7 jours s'adresse aux couples à la recherche de paysages époustouflants, de villes charmantes et de suffisamment de temps pour la romance. Attachez votre ceinture et profitez d'une semaine d'aventure, de soins et de souvenirs qui dureront toute une vie.

Jour 1 : Partez en voyage d'aventure à Kotor.

Matin : Entrez dans le monde magique du Moyen Âge et explorez les murs de la vieille ville de Kotor. Escaladez la forteresse de Kotor avec votre bien-aimé pour une vue panoramique, puis promenez-vous main dans la main dans les rues pavées sinueuses. Après-midi : naviguez dans la baie de Kotor sur un bateau privé, en glissant le long des eaux turquoise et des plages isolées.

Arrêtez-vous à l'église Notre-Dame des Rochers pour une visite paisible de l'île et une bénédiction pour votre amour. Soirée : savourez un dîner décontracté aux chandelles dans un restaurant en bord de mer alors que le soleil se couche et donne au ciel un rouge profond. Dégustez des fruits de mer frais et du vin local, puis asseyez-vous sur le balcon et observez les étoiles. Jour 2 : Explorez les joyaux cachés autour de la baie.

Matin : Départ vers la charmante Perast, célèbre pour ses églises baroques et son histoire maritime. Visitez l'église Notre-Dame des Rochers, puis marchez main dans la main le long de la promenade et admirez les vues pittoresques. Après-midi : Explorez la péninsule de Lustica, un paradis pour les amoureux de la nature avec des criques isolées, des oliveraies et des villages anciens. Nagez dans des eaux cristallines, faites de la randonnée le long de sentiers pittoresques ou détendez-vous plages solitaires. Soirée : Profitez d'une croisière au coucher du soleil, d'un toast au champagne et de musique live pour un moment romantique inoubliable. Plus tard, profitez d'un festin traditionnel monténégrin avec des musiciens locaux dans une confortable konoba (taverne). Jour 3 : L'agitation de Budva et l'isolement de Sveti Stefan

Matin : Profitez de l'atmosphère animée de la vieille ville de Budva. Explorez les anciens remparts de la ville, parcourez les boutiques pittoresques et profitez du soleil sur les plages animées. Après-midi : échappez à la foule et dirigez-vous vers l'île unique de Sveti Stefan. Flânez main dans la main dans les rues pavées et admirez les luxueuses villas. Profitez d'une journée royale lors d'un pique-nique luxueux   sur   une   plage   isolée.

Après-midi : Retour à Budva pour une soirée amusante. Dansez toute la nuit sous les étoiles au club de plage ou écoutez de la musique live sur une charmante place.

Jour 4 : La majesté de la nature dans le parc national Lofson

Matin : Traversez le parc national Lofson sur une route panoramique, en vous arrêtant dans des endroits incroyables. Marchez main dans la main à travers les alpages, respirez l'air frais des montagnes et profitez de la vue panoramique.

Après-midi : Visitez le mausolée de Negos au sommet du Lofsen et profitez de la vue panoramique. Rencontrez ce poète-souverain bien-aimé et admirez le paysage époustouflant qui symbolise la résilience du Monténégro.

Soirée : Détendez-vous au spa surplombant les montagnes avec des massages relaxants et des soins rajeunissants. Venez vous détendre ensemble, rafraîchis et prêts pour de nouvelles aventures.

Jour 5 : Explorez le magnifique parc national du lac Skadar

Matin : Louez un bateau et explorez les eaux calmes du lac Shkadar, paradis des oiseaux et des nénuphars. Parcourez les villes anciennes, arrêtez-vous pour un pique-nique sur une île déserte et profitez du paysage tranquille.

L'après-midi : Visite de la petite île de Vilpaz avec ses charmants restaurants et ses produits artisanaux locaux. Profitez d'un délicieux déjeuner avec vos proches sur la terrasse en bord de mer, où vous pourrez déguster du poisson frais et des spécialités locales.

Après-midi : Faites une promenade en bateau sur le lac pour admirer le coucher de soleil et admirer les couleurs éclatantes du ciel. Partagez un verre de vin monténégrin tout en écoutant de la musique douce, créant ainsi le moment romantique parfait.

Jour 6 : Aventure et histoire dans le parc national du Durmitor

Demain : Une passionnante aventure de rafting sur la rivière Tara, l'une des gorges les plus profondes d'Europe. Partagez l'adrénaline et les rires avec votre partenaire et créez des souvenirs qui dureront toute une vie.

Après-midi : Promenez-vous dans le magnifique parc national du Durmitor et admirez les lacs glaciaires, les sommets escarpés et les forêts luxuriantes. Profitez d'un pique-nique au milieu d'une nature incroyable et ressentez l'admiration et la connexion avec la nature.

Soirée : Visitez le monastère historique d'Ostrog, englouti dans la falaise abrupte. Allumez une bougie pour porter chance, profitez de la vue sur ce lieu sacré et réfléchissez ensemble à la beauté de vos voyages et de votre vie.

Septième jour : Adieu au paradis et promesse de revenir

Matin : savourez un petit-déjeuner tranquille avec vue sur la mer Adriatique et réfléchissez à une semaine inoubliable. la dernière promenade

Des plages à découvrir

Situé sur la côte Adriatique, le Monténégro est riche en beauté naturelle et ses plages ne font pas exception. De isolé criques un vibrant stations touristiques, La côte monténégrine offre un large éventail d'aventures balnéaires pour tous les types de voyageurs. Ce sont quelques-unes des plages incontournables qui font du Monténégro une destination unique et charmante.

Plage de Sveti Stefan : la perle de la mer Adriatique

Située sur l'île emblématique de Sveti Stefan, cette plage est célèbre pour son cadre pittoresque. L'île est reliée au continent par une chaussée qui offre aux visiteurs une vue magnifique sur une ville médiévale transformée en complexe de luxe. Le littoral rose et rocheux et les eaux cristallines créent un cadre idyllique atmosphère, ce qui en fait un favori parmi les jeunes mariés et les voyageurs exigeants.

Jaz Beach : entre nature et détente

La plage de Jaz, qui s'étend sur plus de 2,5 kilomètres, est non seulement l'une des plus longues plages du Monténégro, mais aussi un centre de divertissement. La plage accueille des festivals de musique internationaux qui attirent les mélomanes du monde entier. En plus des festivités, les eaux cristallines et les plages de sable doré de Yazi offrent des vacances reposantes à ceux qui recherchent la combinaison parfaite de détente et d'excitation.

Mogren Beach : un joyau caché à Budva

Située parmi les rochers près de la vieille ville de Budva, la plage de Mogren est un joyau caché accessible par un passage dans une grotte. Cet endroit isolé offre un répit paisible loin de l'agitation de la ville. Les visiteurs peuvent profiter des eaux cristallines, explorer les grottes voisines ou se promener tranquillement dans la vieille ville et découvrir la riche histoire du Monténégro.

Plage de Trsteno : une oasis de nature

La plage de Trsteno est un paradis pour les amoureux de la nature, entourée d'une végétation luxuriante et d'eaux cristallines. Son littoral de galets offre un refuge tranquille entouré d'oliviers et de pins qui offrent de l'ombre à ceux qui souhaitent se détendre. Les plages sont relativement vierges et offrent une expérience plus authentique et préservée à ceux qui recherchent la tranquillité.

Plavi Horizonti : un paradis familial

Plavi Horizonti, qui signifie « Horizon Bleu », porte bien son nom avec ses eaux bleues et ses plages de sable fin. La plage est particulièrement adaptée aux familles, car ses eaux peu profondes sont idéales pour la baignade et diverses activités nautiques. La plage dispose également d'installations telles que des cafés en bord de mer et des aires de jeux pour enfants, ce qui en fait un endroit idéal pour des vacances en famille.

Queens Beach : la royauté au bord de la mer

Queens Beach est située à Kings Park, près de la ville de Milochel, et dégage une atmosphère unique. Anciennement plage privée de la famille royale yougoslave, elle est désormais ouverte au public. La plage se caractérise par son sable rose et son environnement immaculé. Les visiteurs peuvent explorer l'historique Villa Miloche ou simplement profiter de l'atmosphère du château ce spa unique. Les plages du Monténégro offrent un paysage diversifié et une culture riche, faisant du pays une destination passionnante pour les voyageurs en quête de détente et d'aventure. Que vous soyez attiré par l'atmosphère animée de la plage de Jaz ou par le charme isolé de Mogren, la côte monténégrine constitue un voyage inoubliable sur l'Adriatique.

Étiquette et coutumes locales

Les Monténégrins sont fiers de leur attitude chaleureuse et amicale. Les salutations font partie intégrante de la vie quotidienne et reflètent l'hospitalité ancrée dans la culture. Une simple poignée de main accompagnée d'un contact visuel direct et d'un sourire sincère est la forme standard de salutation. Lorsque nous rencontrons quelqu'un pour la première fois, il est courant d'utiliser des titres comme « M. ». ou "Mme." Vient ensuite votre nom de famille jusqu'à ce que vous nouiez une relation occasionnelle. Ne soyez pas surpris si les locaux discutent ; C'est leur façon de vous faire sentir les bienvenus. Si vous souhaitez donner une touche royale à votre salutation, un simple « Dobar dan » (Bonjour) ou « Zdravo » (Bonjour) dans la langue locale vous fera sûrement davantage sourire.

Au Monténégro, le pourboire est un signe d'appréciation pour un bon service et, même s'il n'est pas obligatoire, il est certainement apprécié. Dans les restaurants, un pourboire d'environ 10 % est considéré comme généreux. Dans les cafés et les bars, il est d'usage d'arrondir l'addition ou de laisser la monnaie. Donner un pourboire au personnel du restaurant est un geste aimable pour un excellent service. N'oubliez pas que les Monténégrins apprécient la sincérité, donc si vous avez vécu une expérience particulièrement agréable, une note de remerciement personnelle et des conseils vous aideront. Des vêtements amples et confortables sont une priorité pour admirer la beauté des plages du Monténégro. Les tissus légers et respirants comme le coton sont idéaux, et n'oubliez pas la crème solaire et un chapeau à larges bords pour vous protéger du soleil. Qu'il s'agisse d'une promenade le long de la promenade ou d'un dîner au bord de la mer, une atmosphère professionnelle décontractée convient généralement.

Si vos aventures au Monténégro vous emmènent à des occasions plus formelles, comme des restaurants de luxe ou des événements culturels, nous vous recommandons de choisir une tenue légèrement plus habillée. Associer une robe d'été ou une chemise à col avec un short tendance est une option sûre et élégante.

Internet et communication

Monténégro a un infrastructure de télécommunications bien développée avec un accès Internet étendu dans tout le pays. Couverture 4G/LTE est répandu dans villes, alors que Les connexions 3G sont aussi commun dans les zones rurales. Les voyageurs peuvent accéder à Internet de différentes manières, notamment :

Des hotspots Wi-Fi gratuits sont disponibles dans les aéroports, les gares, les attractions touristiques, les bars, les restaurants et les hôtels. Ces points d'accès constituent un moyen pratique de consulter vos e-mails, de naviguer sur le Web et de vous connecter avec vos amis et votre famille. Tous les principaux opérateurs mobiles monténégrins (Crnogorski Telekom, One (anciennement Telenor) et M-tel) proposent des forfaits Internet mobile abordables. Les cartes SIM prépayées peuvent être achetées facilement achetés dans les aéroports, les dépanneurs et les magasins de télécommunications. Il existe des cybercafés partout au Monténégro, en particulier dans les centres touristiques. Ces cafés offrent un environnement pratique pour accéder à Internet, souvent via un téléphone mobile. Rester connecté est important pour passer des appels, envoyer des messages texte et utiliser des applications de navigation. Le Monténégro dispose d'une vaste couverture de réseau mobile et les principaux opérateurs fournissent des services fiables dans tout le pays.

Les trois plus grands fournisseurs de services de télécommunications mobiles au Monténégro sont Crnogorski Telekom, One (anciennement Telenor) et M-tel. Ces opérateurs proposent différents forfaits prépayés et postpayés pour s'adapter aux besoins des voyageurs.

Les cartes SIM prépayées peuvent être achetées dans les aéroports, les dépanneurs et les magasins de télécommunications. Le processus d'activation est simple et nécessite généralement des informations de passeport ou d'identité.

Si votre opérateur mobile propose du roaming résidentiel au Monténégro, vous pouvez utiliser votre carte SIM et votre numéro existants dans le pays. Cependant, les tarifs de roaming peuvent être élevés, il est donc recommandé de vérifier auprès de votre fournisseur de télécommunications à l'avance.

Les coûts d'Internet et de communication au Monténégro sont généralement abordables par rapport aux autres pays européens. Les cartes SIM prépayées avec forfaits de données offrent aux voyageurs des options flexibles et abordables. Les points d'accès Wi-Fi publics sont généralement gratuits, tandis que les cybercafés facturent une somme modique par heure d'utilisation.

La solide infrastructure de communication et Internet du Monténégro garantit que les visiteurs restent connectés tout au long de leur expérience. Rester en contact avec ses proches et voyager à travers le pays est facile grâce à une variété de solutions abordables, telles que des cartes SIM prépayées, des points d'accès Wi-Fi publics et des forfaits Internet mobile. En suivant ces conseils, vous pourrez améliorer vos relations et profiter au maximum de votre expérience au Monténégro.

Information d'urgence

En cas d'urgence, appelez immédiatement les numéros suivants :

112 : Pour tout type d'urgence, utilisez le Numéro Unique Européen d'Urgence (SEN).

122 : La police

123 : Service d'incendie

Ambulance 124

+382 20 410 500 : Ambassade des États-Unis au Monténégro (aide d'urgence disponible 24 heures sur 24, sept jours sur sept).

Ressources linguistiques

Le monténégrin, langue serbo-croate apparentée au serbe, au croate et au bosniaque, est la langue officielle du Monténégro. Si le monténégrin est la langue dominante à l'école, dans l'administration et dans les médias, le serbe, le croate et le bosniaque sont couramment parlés. compris et parlé comme Bon. De plus, l'anglais devient une langue de plus en plus courante dans les zones touristiques et parmi les jeunes.

Pour donner plus de sens à vos interactions avec les locaux et enrichir votre expérience de voyage, voici une sélection de phrases monténégrines essentielles :

Hola (zdrah-voh) - Hola

Au revoir (do-vee-jen-yah) - Au revoir

Merci (hvah-lah) - Merci

S'il vous plaît (moh-leem) - De rien

Ne znam (neh-znam) - Je ne sais pas

Da (dah) - Oui

Né (néh) - Non

Izvolite (ee-so-vee-leh) - S'il vous plaît Opustis (oh-poo-stee-tee) - Désolé

Au revoir? (gdjeh ouais toh-ah-leht) - Où sont les toilettes ?

conclusion

Embarquer pour un voyage au Monténégro vous exposera à une multitude d'expériences, mais aucune n'est aussi captivante que le charme côtier qui orne ses plages immaculées. L'attrait des merveilles côtières du Monténégro, situées le long de la mer Adriatique, est une invitation à un monde où la nature peint une toile de tranquillité et d'aventure.

En plus de la côte ensoleillée, les plages du Monténégro offrent un mélange harmonieux de détente et d'excitation. L'eau bleue caresse doucement le sable doré, créant une oasis de tranquillité qui invite les voyageurs à se détendre et à se régénérer. Le doux clapotis des vagues offre une bande-son relaxante, tandis que la chaleur du soleil méditerranéen vous invite à profiter du soleil.

Chaleur thérapeutique. Les plages du Monténégro ne sont pas que des endroits ; Ce sont des expériences immersives qui parlent à l'âme. De la très animée Riviera de Budva aux baies isolées de Lustica, chaque joyau côtier a une personnalité unique qui attend d'être découverte. Imaginez-vous en train de vous promener dans la vieille ville de Budva, où les échos d'histoires anciennes rencontrent la mélodie rythmée de la vie moderne sur la plage. L'envie de voyager trouve sa muse parmi les rues étroites et pavées et vous emmène dans des coins cachés où la mer murmure les secrets des siècles passés.

Pour les esprits aventureux, les plages du Monténégro offrent bien plus qu'un lieu de détente. Plongez dans les eaux cristallines pour une odyssée sous-marine et explorez un monde plein de vie marine vibrante et de trésors sous-marins. Boka Kotor, site classé au patrimoine mondial de l'UNESCO, offre un cadre pittoresque pour activités aquatiques, alliant parfaitement beauté naturelle et activités aquatiques.

L'après-midi, lorsque le soleil se couche à l'horizon, les plages du Monténégro se transforment en atmosphères enchanteresses. La côte prend vie avec les teintes vibrantes d'un coucher de soleil méditerranéen, projetant une lumière chaleureuse sur le paysage. Imaginez-vous en train de savourer un délicieux repas de fruits de mer dans une taverne au bord de l'eau, alors que la brise marine transporte l'arôme des délices fraîchement pêchés. Les plages du Monténégro ne sont pas seulement des destinations touristiques ; Ce sont des souvenirs qui attendent d'être gravés dans le tissu de votre récit de voyage. Que vous cherchiez du réconfort dans la nature ou que vous ayez envie d'une aventure côtière, les merveilles côtières du Monténégro promettent une expérience hors du commun. C'est une invitation à s'immerger dans une tapisserie de beauté où la mer, le soleil et le sable créent une symphonie de moments inoubliables.

Printed by Amazon Italia Logistica S.r.l.
Torrazza Piemonte (TO), Italy